Die TOP 45 Klausurfälle Erbrecht

2024

Claudia Haack
Rechtsanwältin und Repetitorin

ALPMANN UND SCHMIDT Juristische Lehrgänge Verlagsges. mbH & Co. KG
48143 Münster, Alter Fischmarkt 8, 48001 Postfach 1169, Telefon (0251) 98109-0
AS-Online: www.alpmann-schmidt.de

Haack, Claudia
Die TOP 45 Klauusrfälle
Erbrecht
7. Auflage 2024
ISBN: 978-3-86752-886-3

Alpmann und Schmidt Juristische Lehrgänge
Verlagsgesellschaft mbH & Co. KG, Münster

Benutzerhinweise

Die Reihe „Klausurfälle" ermöglicht sowohl den Einstieg als auch die Wiederholung des jeweiligen Rechtsgebiets **anhand von Klausurfällen**. Denn unser Gehirn kann **konkrete Sachverhalte** besser speichern als abstrakte Formeln. Während des Studiums besteht die Gefahr, dass man zu abstrakt lernt, sich verzettelt und letztlich gänzlich den Überblick über das wirklich Wichtige verliert.

Ferner erfordern juristische Prüfungsaufgaben regelmäßig das Lösen von konkreten Fällen. Hier müssen Sie dann beweisen, dass Sie das Erlernte auf den konkreten Fall anwenden können und die spezifischen Probleme des Falles entdeckt haben. Außerdem müssen Sie zeigen, dass Sie die richtige Mischung zwischen Gutachten- und Urteilsstil beherrschen und an den Problemstellen überzeugend argumentieren können. Diese Fähigkeiten vermittelt unser „Basiswissen **Methodik der Fallbearbeitung** – Wie schreibe ich eine Klausur?".

Nutzen Sie die jahrzehntelange Erfahrung unseres Repetitoriums. Seit mehr als 60 Jahren wenden wir konsequent die **Fallmethode** an. Denn ein **prüfungsorientiertes Lernen** muss „hart am Fall" ansetzen. Da wir nicht nur Skripten herausgeben, sondern auch in mündlichen Kursen Studierende ausbilden, wissen wir aus der täglichen Praxis, „wo der Schuh drückt".

Die Lösung der „Klausurfälle" ist kompakt und vermeidet – so wie es in einer Klausurlösung auch sein soll – überflüssigen, dogmatischen „Ballast". Die Lösungen sind komplett **durchgegliedert** und im **Gutachtenstil** ausformuliert, wobei die unproblematischen Stellen unter Beachtung des Urteilsstils kurz ausfallen – so wie es **gute Klausurlösungen** erfordern.

Beispiele für die Gewichtung der **Punktvergabe** in einer Semesterabschlussklausur finden Sie hier:

t1p.de/1vc0

t1p.de/pufr

t1p.de/enyx

Wir vermitteln in der Reihe „Klausurfälle" die Wissensanwendung. Sie **ersetzt nicht die Erarbeitung der gesamten Rechtsmaterie** und ihrer Struktur. Übergreifende Aufbauschemata finden Sie in unseren „Aufbauschemata". Ferner empfehlen wir Ihnen unser „Basiswissen" für den erfolgreichen Start ins jeweilige Rechtsgebiet: verständlich dargestellt und durch zahlreiche **Beispiele, Übersichten und Prüfungsschemata** anschaulich vermittelt.

Leseproben und Bestellungen:
shop.alpmann-schmidt.de

Eine darauf aufbauende Darstellung des Stoffes auf Examensniveau liefern unsere „Skripten“. Sofern die RÜ zitiert wird, handelt es sich um unsere Zeitschrift „RechtsprechungsÜbersicht“, in der monatlich aktuelle, examensverdächtige Fälle **klausurmäßig** gelöst erscheinen.

Viel Erfolg!

INHALTSVERZEICHNIS

1. Teil: Gesetzliche Erbfolge ... 1

1. Verwandtenerbrecht ... 1

Fall 1: Gesetzliche Erben erster Ordnung ... 1

Fall 2: Gesetzliche Erben zweiter Ordnung ... 4

Fall 3: Gesetzliche Erben dritter Ordnung ... 6

Fall 4: Gesetzliche Erben vierter Ordnung ... 8

2. Ehegattenerbrecht ... 10

Fall 5: Ehegattenerbrecht bei Zugewinngemeinschaft ... 10

Fall 6: Gesetzliches Erbrecht des Ehegatten neben gesetzlichen Erben dritter Ordnung ... 17

3. Gesetzliches Erbrecht des gleichgeschlechtlichen Lebenspartners ... 19

Fall 7: Gesetzliches Erbrecht des gleichgeschlechtlichen Lebenspartners ... 19

2. Teil: Verfügungen von Todes wegen ... 23

1. Testament ... 23

Fall 8: Testierwille und Testierfähigkeit ... 23

Fall 9: Grundsatz der Höchstpersönlichkeit ... 26

Fall 10: Wirksamkeit eines Testaments – § 134 ... 29

Fall 11: Geliebtentestament – § 138 ... 31

Fall 12: Testamentsform – notarielles Testament ... 33

Fall 13: Testamentsform – eigenhändiges Testament (1) ... 35

Fall 14: Testamentsform – eigenhändiges Testament (2) ... 39

Fall 15: Testamentsform – eigenhändiges Testament (3) ... 41

Fall 16: Widerruf eines Testaments – §§ 2254–2258 ... 45

Fall 17: Widerruf eines Testaments – § 2255 ... 47

Fall 18: Widerruf eines Testaments – §§ 2255–2256 ... 49

Fall 19: Widerruf des Widerrufs – § 2257 ... 51

2. Erbvertrag ... 53

Fall 20: Inhalt und Bindungswirkung eines Erbvertrags ... 53

Fall 21: Rücktritt vom Erbvertrag ... 56

Fall 22: Verfügungen des Erblassers zu Lebzeiten – §§ 2286–2287 ... 58

3. Gemeinschaftliches Testament ... 63

Fall 23: Errichtung eines gemeinschaftlichen Testaments ... 63

Fall 24: Wechselbezügliche Verfügungen ... 65

Fall 25: Umdeutung eines unwirksamen gemeinschaftlichen Testaments in ein Einzeltestament ... 67

Fall 26: Berliner Testament – § 2287 analog ... 69

Fall 27: Berliner Testament mit Wiederverheiratungsklausel ... 74

4. Auslegung von Verfügungen von Todes wegen 78
Fall 28: Erläuternde Auslegung (1) 78
Fall 29: Erläuternde Auslegung (2) 82
Fall 30: Ergänzende Auslegung 84
5. Anfechtung von Verfügungen von Todes wegen 86
Fall 31: Testamentsanfechtung – § 2078 Abs. 2 86
Fall 32: Anfechtung eines Erbvertrags – §§ 2281 ff. 89

3. Teil: Rechtsstellung des Erben 91
1. Erbschaftsanspruch 91
Fall 33: Erbschaftsanspruch – §§ 2018 ff. 91
2. Erbengemeinschaft 94
Fall 34: Rechtsfähigkeit der Erbengemeinschaft – ordnungsgemäße Verwaltung, § 2038 94
Fall 35: Notwendige Verwaltungsmaßnahmen (1) 98
Fall 36: Notwendige Verwaltungsmaßnahmen (2) 100
3. Rechtsstellung des Vor- und Nacherben 104
Fall 37: Vor- und Nacherbschaft – § 2113 104
4. Erbschein 107
Fall 38: Gutgläubiger Erwerb vom Erbscheinsinhaber – §§ 2365–2366 107
Fall 39: Erfüllungswirkung bei Leistung an Erbscheinsinhaber – § 2367 111

4. Teil: Verteilung des Nachlasses 113
1. Pflichtteilsrecht 113
Fall 40: Berechnung des Pflichtteils 113
Fall 41: Pflichtteilsrestanspruch gemäß § 2305 – Pflichtteil des Ehegatten bei Zugewinngemeinschaft 115
Fall 42: Pflichtteil trotz Ausschlagung? 119
Fall 43: Pflichtteilsergänzungsanspruch gemäß § 2325 120
2. Haftung des Erben 121
Fall 44: Umfang der Erbenhaftung – Beschränkungsmöglichkeiten 121

5. Teil: Rechtsgeschäfte unter Lebenden auf den Todesfall 124
Fall 45: Schenkung auf den Todesfall – § 2301 124

Stichwortverzeichnis 128

1. Teil: Gesetzliche Erbfolge

1. Verwandtenerbrecht

Fall 1: Gesetzliche Erben erster Ordnung

E, der keine Verfügung von Todes wegen errichtet hat, verstirbt bei einem Verkehrsunfall zusammen mit seiner Ehefrau F. Es kann nicht festgestellt werden, in welcher Reihenfolge die Todesfälle von E und F eingetreten sind.

E hat aus der Ehe mit der F die Söhne K_1 und K_2:

K_1 ist bei einem Arbeitsunfall ums Leben gekommen und hinterlässt seine schwangere Ehefrau F_1 und seinen Sohn E_1. Drei Monate nach dem Tod des E bringt die F_1 den Sohn E_2 zur Welt.

K_2 ist verheiratet mit F_2 und hat eine Tochter E_3.

Aus der ersten Ehe des E mit der X stammt seine Tochter K_3.

Außer V und M – den Eltern des E – leben noch ein Bruder seines Vaters – der Onkel O – sowie die Schwester seiner Mutter – Tante T.

Wer beerbt den E?

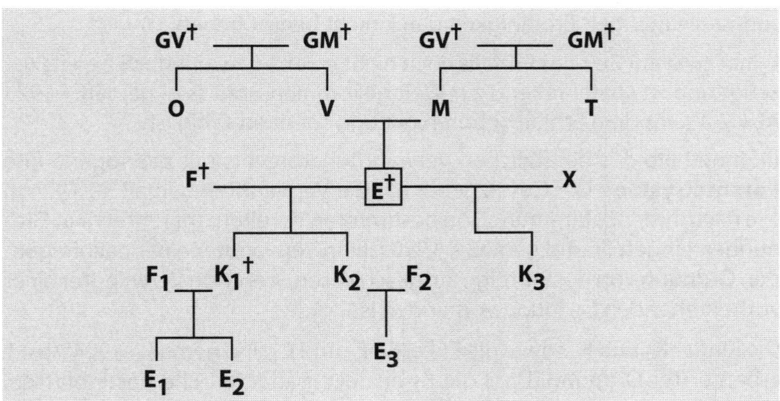

Erblasser E hat zu Lebzeiten keine Verfügung von Todes wegen (Testament oder Erbvertrag) errichtet, sodass er nach der gesetzlichen Erbfolge gemäß §§ 1924 ff.[1] beerbt wird.

Beachte: Die gesetzliche Erbfolge ist gegenüber der gewillkürten Erbfolge subsidiär, vgl. § 1937.

A. Gesetzliches Erbrecht des Ehegatten

Die Ehefrau F könnte gemäß § 1931 (Mit-)Erbin des E geworden sein.

Eine Erbenstellung kann F jedoch nur erlangt haben, wenn sie **erbfähig** ist. Gemäß § 1923 Abs. 1 kann nur derjenige Erbe werden, der zur Zeit des Erbfalls lebt.

Erbfähigkeit, § 1923: Erbfähig ist jeder, der zur Zeit des Erbfalls lebt oder zumindest bereits gezeugt war und später lebend zur Welt kommt.

F ist daher Erbin des E geworden, wenn sie ihn überlebt hat. Es lässt sich nicht aufklären, ob bei dem Verkehrsunfall die beiden Ehegatten gleichzeitig verstorben sind oder ob einer den anderen überlebt hat.

1 §§ ohne Gesetzesangabe sind solche des BGB.

Kommorientenvermutung: Kann nicht festgestellt werden, in welcher Reihenfolge mehrere Personen verstorben sind, gilt die Vermutung gleichzeitigen Todes, § 11 VerschG.

Gemäß § 11 VerschG besteht die Vermutung gleichzeitigen Todes, wenn nicht festgestellt werden kann, in welcher Reihenfolge mehrere Personen verstorben sind (sogenannte *Kommorientenvermutung*). Demnach ist davon auszugehen, dass E und F bei dem Unfall gleichzeitig ums Leben gekommen sind, sodass F den E nicht überlebt hat.

Folglich ist die Ehefrau F mangels Erbfähigkeit nicht Erbin des E geworden.

B. Gesetzliches Verwandtenerbrecht

Gesetzliche Erben des E sind daher gemäß §§ 1924 ff. seine Verwandten.

Verwandtschaft, § 1589: Personen, die voneinander abstammen, sind in gerader Linie miteinander verwandt. Personen, die von einer gemeinsamen dritten Person abstammen, sind in der Seitenlinie miteinander verwandt.

I. Maßgeblich ist also, wer von den im Sachverhalt genannten Personen mit dem E **verwandt** ist.

Gemäß § 1589 sind die Personen miteinander verwandt, die voneinander oder von einer gemeinsamen dritten Person abstammen.

Demzufolge sind die Großeltern, die Eltern V und M, Onkel O, Tante T, die Kinder K_1, K_2, K_3 sowie die Enkel E_1, E_2 und E_3 mit dem E verwandt, während bei X, F_1 und F_2 ein Verwandtschaftsverhältnis zu E fehlt, sodass sie aus diesem Grund als Erben ausscheiden.

II. Auch die Verwandten des Erblassers können nur erben, wenn sie **gemäß § 1923 erbfähig** sind.

Die Großeltern und das Kind K_1 sind bereits vor dem Erblasser verstorben, sodass sie mangels Erbfähigkeit den E nicht beerbt haben.

E_2 hat zwar zur Zeit des Erbfalls noch nicht gelebt. Er war jedoch bereits gezeugt und ist später lebend zur Welt gekommen, sodass er gemäß § 1923 Abs. 2 als vor dem Erbfall geboren gilt und somit erbfähig ist.

Parentelsystem, §§ 1924 ff., 1930: Verwandte sind – je nach ihrer Abstammung von bestimmten Voreltern (parentes) – in Ordnungen eingeteilt. Gemäß § 1930 ist ein Verwandter einer nachfolgenden Ordnung von der Erbfolge ausgeschlossen, wenn ein Verwandter der vorhergehenden Ordnung vorhanden ist.

III. Innerhalb des gesetzlichen Verwandtenerbrechts gilt das sogenannte **Parentelsystem:** Der Gesetzgeber hat die Verwandten gemäß §§ 1924 ff. – je nach ihrer Abstammung von bestimmten Voreltern (parentes) – in Ordnungen eingeteilt und gemäß § 1930 ist ein Verwandter einer nachfolgenden Ordnung von der Erbfolge ausgeschlossen, wenn ein Verwandter einer vorhergehenden Ordnung vorhanden ist.

Die Kinder K_2 und K_3 sowie die Enkel E_1, E_2 und E_3 sind gemäß § 1924 Abs. 1 Erben erster Ordnung. Dass die K_3 aus einer anderen Ehe des Erblassers stammt als die Abkömmlinge K_1 und K_2, ist dabei völlig unerheblich. Maßgeblich ist nur, dass es sich um einen Abkömmling des Erblassers handelt. Die Eltern V und M sind demgegenüber gemäß § 1925 Abs. 1 Erben zweiter Ordnung und Onkel O und Tante T gehören gemäß § 1926 Abs. 1 als Abkömmlinge der Großeltern der dritten Ordnung an.

Da mit den Kindern und Enkeln des Erblassers Erben erster Ordnung vorhanden sind, scheiden die Eltern V und M (2. Ordnung) sowie O und T (3. Ordnung) gemäß § 1930 als Erben des E aus.

IV. Fraglich ist, wie die Erbfolge **innerhalb der ersten Ordnung** aufgeteilt ist.

Stammprinzip: Jedes Kind bildet einen Stamm, Kindeskinder bilden weitere Unterstämme.

1. Die Erbfolge richtet sich innerhalb der ersten Ordnung nach dem **Stammprinzip, § 1924 Abs. 3**: Jedes Kind des Erblassers bildet einen Stamm, die Kindeskinder (Enkel, Urenkel, usw.) bilden weitere Unterstämme.

Das Vermögen des Erblassers E verteilt sich daher auf die Stämme K_1, K_2 und K_3.

2. Innerhalb eines Stammes gilt das **Repräsentationsprinzip, § 1924 Abs. 2:** Danach schließt ein lebender Abkömmling, die durch ihn mit dem Erblasser verwandten Abkömmlinge von der Erbfolge aus.

Repräsentationsprinzip: Lebende Abkömmlinge schließen die durch sie mit dem Erblasser verwandten Abkömmlinge von der Erbfolge aus.

Infolgedessen repräsentiert K_2 den Stamm K_2 und schließt seine Tochter E_3 von der Erbfolge aus.

3. Ferner gilt innerhalb eines Stammes das **Eintrittsrecht, § 1924 Abs. 3**: D.h., ist der Repräsentant eines Stammes vorverstorben, so treten die durch ihn mit dem Erblasser verwandten Abkömmlinge an seine Stelle.

Eintrittsrecht: Ist der Repräsentant eines Stammes vorverstorben, so treten die durch ihn mit dem Erblasser verwandten Abkömmlinge an seine Stelle.

Demnach treten E_1 und E_2 an die Stelle des bereits vorverstorbenen Stammrepräsentanten K_1.

4. Gemäß § 1924 Abs. 4 **erben die Stämme zu gleichen Teilen**.

Daher erben die Stämme K_1, K_2 und K_3 jeweils zu 1/3. Die lebenden Stammrepräsentanten K_2 und K_3 erhalten demnach je 1/3 und der 1/3-Anteil des Stammes K_1 geht zu gleichen Teilen auf die Unterstämme E_1 und E_2, sodass diese jeweils Erben zu 1/6 sind.

Erblasser E ist folglich von K_2 und K_3 zu je 1/3 sowie von E_1 und E_2 zu je 1/6 beerbt worden.

Fall 2: Gesetzliche Erben zweiter Ordnung

Die unverheiratete und kinderlose E verstarb, ohne ein Testament zu hinterlassen. Von ihren Eltern lebt nur noch ihre Mutter M. Ihr Bruder B ist ebenfalls vor ihr gestorben; dieser hat jedoch zwei Kinder – N_1 und N_2 – hinterlassen. Aus erster Ehe des Vaters V mit der X stammt dessen Tochter S. Sie ist verheiratet mit Y und hat 3 Kinder – N_3, N_4 und N_5.

Wer beerbt die E?

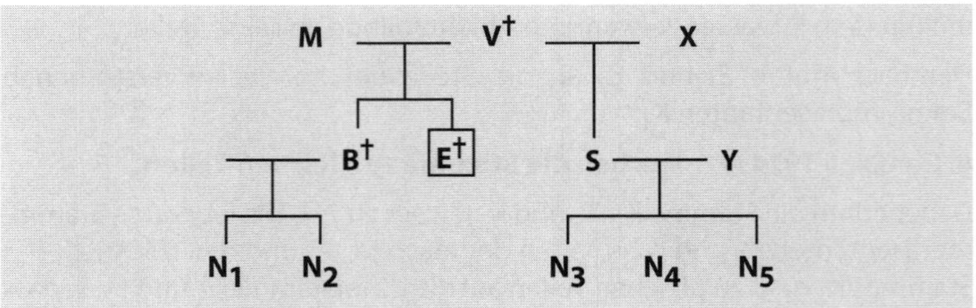

Erblasserin E hat zu Lebzeiten keine Verfügung von Todes wegen (Testament oder Erbvertrag) errichtet, sodass sie nach der gesetzlichen Erbfolge gemäß §§ 1924 ff. beerbt wird. Da E zum Todeszeitpunkt unverheiratet war, wird sie allein von ihren Verwandten beerbt.

A. Gemäß § 1589 sind die Personen miteinander **verwandt**, die voneinander oder von einer gemeinsamen dritten Person abstammen.

Demzufolge sind die Eltern V und M, Bruder B, Halbschwester S sowie die Nichten und Neffen (N_1–N_5) mit der E verwandt, während bei X und Y ein Verwandtschaftsverhältnis zu E fehlt, sodass sie aus diesem Grund als Erben ausscheiden.

B. Die Verwandten der Erblasserin können nur erben, wenn sie gemäß § 1923 **erbfähig** sind.

Vater V und Bruder B sind bereits vor der Erblasserin verstorben, sodass sie mangels Erbfähigkeit die E nicht beerbt haben.

C. Innerhalb des gesetzlichen Verwandtenerbrechts gilt das sogenannte **Parentelsystem:** Der Gesetzgeber hat die Verwandten gemäß §§ 1924 ff. – je nach ihrer Abstammung von bestimmten Voreltern (parentes) – in Ordnungen eingeteilt und gemäß § 1930 ist ein Verwandter einer nachfolgenden Ordnung von der Erbfolge ausgeschlossen, wenn ein Verwandter einer vorhergehenden Ordnung vorhanden ist.

Die Mutter M, die Halbschwester S sowie die Neffen und Nichten der E (N_1–N_5) sind gemäß § 1925 Abs. 1 Erben zweiter Ordnung. Da Erblasserin E keine eigenen Abkömmlinge hinterlassen hat, sind Erben erster Ordnung nicht vorhanden, sodass die Erben zweiter Ordnung zur Erbfolge berufen sind, § 1930.

D. Fraglich ist, wie die Erbfolge **innerhalb der zweiten Ordnung** aufgeteilt ist.

I. Die Erbfolge richtet sich innerhalb der zweiten Ordnung zunächst nach dem **Linienprinzip**, § 1925 Abs. 2: Vater und Mutter der Erblasserin bilden mit ihren Abkömmlingen jeweils eine Linie, d.h. es existiert eine väterliche und eine mütterliche Linie.

Linienprinzip, § 1925 Abs. 2: Vater und Mutter des Erblassers bilden mit ihren Abkömmlingen eine Linie.

II. Innerhalb einer Linie gilt das **Repräsentationsprinzip**, § 1925 Abs. 2: Wenn die Eltern leben, erben sie allein und zu gleichen Teilen – also jeder 1/2. D.h. ein lebender Elternteil schließt die durch ihn mit der Erblasserin verwandten Abkömmlinge von der Erbfolge aus.

Infolgedessen repräsentiert die Mutter M die mütterliche Linie und schließt daher ihren Sohn B und dessen Abkömmlinge N_1 und N_2 für die Erbfolge innerhalb der mütterlichen Linie aus.

M beerbt die E daher zu 1/2.

III. Ferner gilt innerhalb einer Linie das **Eintrittsrecht**, § 1925 Abs. 3: D.h., wenn der Repräsentant einer Linie vorverstorben ist, treten die durch ihn mit der Erblasserin verwandten Abkömmlinge nach den für die erste Ordnung geltenden Grundsätzen an seine Stelle.

Demnach treten an sich B und S an die Stelle ihres verstorbenen Vaters V. Da B bereits vorverstorben ist, greift innerhalb dieses Stammes erneut das Eintrittsrecht (§ 1925 Abs. 3 S. 1 i.V.m. § 1924 Abs. 3), sodass an die Stelle des B seine Abkömmlinge N_1 und N_2 treten, während S den Stamm repräsentiert und ihre Kinder N_3–N_5 von der Erbfolge ausschließt.

Somit sind in der väterlichen Linie S, N_1 und N_2 zu Erben berufen.

IV. Gemäß § 1925 Abs. 3 S. 1 i.V.m. § 1924 Abs. 4 **erben die Stämme zu gleichen Teilen**.

D.h. der Anteil des V (1/2) geht zu gleichen Teilen an seine Abkömmlinge, also an die Stämme B und S zu je 1/4, § 1925 Abs. 3 S. 1 i.V.m. § 1924 Abs. 4. Der Anteil des vorverstorbenen B geht jedoch zu gleichen Teilen an seine Kinder N_1 und N_2; diese sind daher Erben zu je 1/8.

Erben der E sind demnach M zu 1/2, S zu 1/4 und N_1 und N_2 zu je 1/8.

Fall 3: Gesetzliche Erben dritter Ordnung

Der unverheiratete und kinderlose E verstarb, ohne ein Testament zu hinterlassen. Seine Eltern waren bereits vor Jahren bei einem Schiffsunglück ums Leben gekommen. Von den Verwandten väterlicherseits leben noch die Großmutter – GM_1 – sowie der Onkel O des E. Von den Verwandten aus der mütterlichen Linie leben noch der Großvater GV_2 sowie C_1, C_2 und C_3, die Kinder der Tante T des Erblassers E.

Wer beerbt den E?

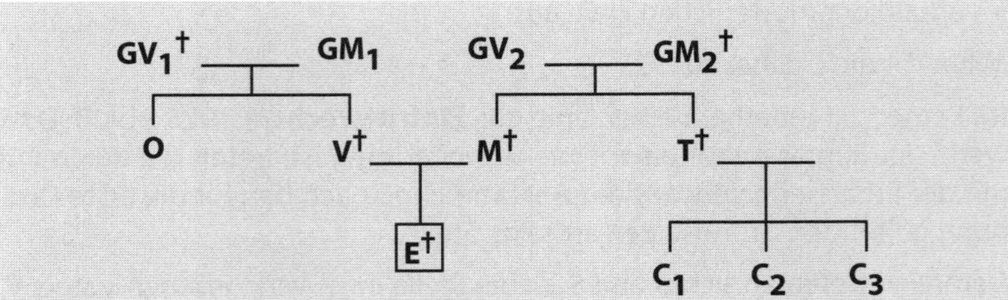

Erblasser E hat zu Lebzeiten keine Verfügung von Todes wegen (Testament oder Erbvertrag) errichtet, sodass er nach der gesetzlichen Erbfolge gemäß §§ 1924 ff. beerbt wird. Da E zum Todeszeitpunkt unverheiratet war, wird er allein von seinen Verwandten beerbt.

A. Gemäß § 1589 sind die Personen miteinander **verwandt**, die voneinander oder von einer gemeinsamen dritten Person abstammen.

Demzufolge sind alle im Sachverhalt genannten Personen mit dem Erblasser E verwandt.

B. Die Verwandten des Erblassers können nur erben, wenn sie gemäß § 1923 **erbfähig** sind.

Der Großvater väterlicherseits GV_1, die Großmutter mütterlicherseits GM_2, die Eltern V und M sowie Tante T sind bereits vor dem Erblasser verstorben, sodass sie mangels Erbfähigkeit den E nicht beerbt haben.

C. Innerhalb des gesetzlichen Verwandtenerbrechts gilt das sogenannte **Parentelsystem:** Der Gesetzgeber hat die Verwandten gemäß §§ 1924 ff. – je nach ihrer Abstammung von bestimmten Voreltern (parentes) – in Ordnungen eingeteilt und gemäß § 1930 ist ein Verwandter einer nachfolgenden Ordnung von der Erbfolge ausgeschlossen, wenn ein Verwandter einer vorhergehenden Ordnung vorhanden ist.

Die Großmutter väterlicherseits GM_1, der Großvater mütterlicherseits GV_2, Onkel O sowie die Kinder der Tante T (C_1–C_3) – die Cousins und Cousinen des Erblassers E – sind gemäß § 1926 Abs. 1 Erben dritter Ordnung. Da Erblasser E keine eigenen Abkömmlinge hinterlassen hat, sind Erben erster Ordnung nicht vorhanden; wegen des Vorversterbens der Eltern V und M, die keine weiteren Abkömmlinge hatten, sind auch keine Erben zweiter Ordnung mehr vorhanden, sodass die Erben dritter Ordnung zur Erbfolge berufen sind, § 1930.

D. Fraglich ist, wie **innerhalb der dritten Ordnung** die Erbfolge aufgeteilt ist.

I. Die Erbfolge richtet sich innerhalb der dritten Ordnung zunächst nach dem **Linienprinzip**, § 1926 Abs. 2: Der Nachlass fällt je zu 1/2 in die großelterliche Linie väterlicherseits und die großelterliche Linie mütterlicherseits.

II. Innerhalb einer Linie gilt das **Repräsentationsprinzip**, § 1926 Abs. 2: Wenn die Großeltern leben, erben sie allein und zu gleichen Teilen – also jeder 1/4. D.h. ein lebender Großelternteil schließt die durch ihn mit dem Erblasser verwandten Abkömmlinge von der Erbfolge aus.

Die Großmutter väterlicherseits GM_1 und der Großvater mütterlicherseits GV_2 sind daher Erben des E zu je 1/4.

III. Ferner gilt auch in der dritten Ordnung das **Eintrittsrecht**, § 1926 Abs. 3: D.h., wenn ein Großelternteil vorverstorben ist, treten die durch ihn mit dem Erblasser verwandten Abkömmlinge an seine Stelle und zwar gemäß § 1926 Abs. 5 nach den für die erste Ordnung geltenden Grundsätzen.

Anm.: Sind beide Großelternteile einer Linie verstorben und sind von ihnen auch keine Abkömmlinge mehr vorhanden, fällt der Anteil an die andere Großelternlinie, § 1926 Abs. 4.

Der Anteil des vorverstorbenen Großvaters väterlicherseits GV_1 i.H.v. 1/4 geht daher gemäß § 1926 Abs. 3 S. 1 an seinen Abkömmling O.

Der Erbteil der vorverstorbenen Großmutter mütterlicherseits GM_2 in Höhe von 1/4 fällt ebenfalls an ihre Abkömmlinge, also an sich an T. Da diese jedoch bereits vorverstorben ist, greift gemäß § 1926 Abs. 5 i.V.m. § 1924 Abs. 3 erneut das Eintrittsrecht, sodass die Abkömmlinge der T (C_1, C_2 und C_3) an ihre Stelle treten.

IV. Gemäß § 1926 Abs. 5 i.V.m. § 1924 Abs. 4 **erben Stämme zu gleichen Teilen.**

Infolgedessen geht der Anteil der T i.H.v. 1/4 zu gleichen Teilen an C_1, C_2 und C_3, sodass diese den E zu je 1/12 beerben.

Erben des E sind daher GM_1, GV_2 und O zu je 1/4 sowie C_1, C_2 und C_3 zu je 1/12.

Zusatzfrage: Wie wäre die Erbfolge, wenn die Mutter M des Erblassers E zur Zeit des Erbfalls gelebt hätte?

Dann wäre M gesetzliche Alleinerbin, da sie gemäß § 1925 Abs. 1 Erbin zweiter Ordnung ist und daher gemäß § 1930 die übrigen lebenden Verwandten, die allesamt der dritten Ordnung angehören, verdrängt hätte.

Fall 4: Gesetzliche Erben vierter Ordnung

Die unverheiratete und kinderlose E verstarb, ohne ein Testament zu hinterlassen. Ihre Eltern und Großeltern sind bereits vor ihr verstorben. Von den Urgroßeltern leben noch ein Urgroßvater väterlicherseits, U_1, und eine Urgroßmutter mütterlicherseits, U_8. Ferner leben noch zwei Kinder der Urgroßmutter – Großonkel G sowie Großtante T der Erblasserin. T hat einen Sohn, den Großneffen N der Erblasserin.

Wer beerbt die E?

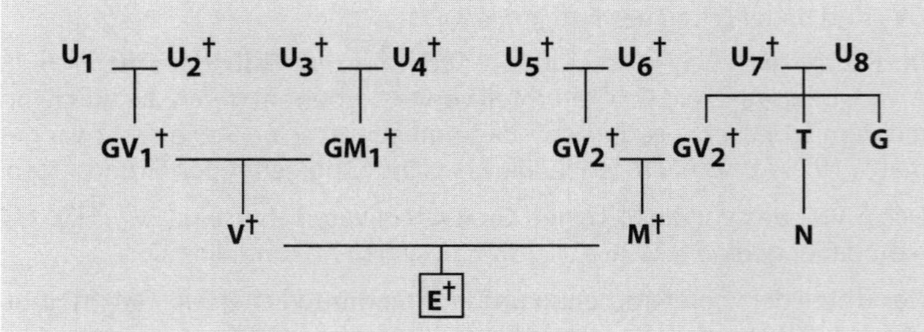

Erblasserin E hat zu Lebzeiten keine Verfügung von Todes wegen (Testament oder Erbvertrag) errichtet, sodass sie nach der gesetzlichen Erbfolge gemäß §§ 1924 ff. beerbt wird. Da E zum Todeszeitpunkt unverheiratet war, wird sie allein von ihren Verwandten beerbt.

A. Gemäß § 1589 sind die Personen miteinander **verwandt**, die voneinander oder von einer gemeinsamen dritten Person abstammen.

Demzufolge sind alle im Sachverhalt genannten Personen mit der Erblasserin E verwandt.

B. Die Verwandten der Erblasserin können nur erben, wenn sie gemäß § 1923 **erbfähig** sind.

Die Urgroßeltern U_2–U_7, die Großeltern und die Eltern sind bereits vor der Erblasserin verstorben, sodass sie mangels Erbfähigkeit die E nicht beerbt haben.

C. Innerhalb des gesetzlichen Verwandtenerbrechts gilt das **Parentelsystem:** Der Gesetzgeber hat die Verwandten gemäß §§ 1924 ff. in Ordnungen eingeteilt und gemäß § 1930 ist ein Verwandter einer nachfolgenden Ordnung von der Erbfolge ausgeschlossen, wenn ein Verwandter einer vorhergehenden Ordnung vorhanden ist.

Der Urgroßvater U_1, die Urgroßmutter U_8, der Großonkel G, die Großtante T sowie deren Abkömmling N sind gemäß § 1928 Abs. 1 Erben der vierten Ordnung. Da die Erblasserin E keine Abkömmlinge hinterlassen hat, sind Erben erster Ordnung nicht vorhanden. Infolge des Vorversterbens der Eltern und Großeltern, die jeweils keine weiteren Abkömmlinge hatten, sind auch keine Erben zweiter und dritter Ordnung vorhanden, sodass die Erben vierter Ordnung zur Erbfolge berufen sind, § 1930.

D. Fraglich ist, wie **innerhalb der vierten Ordnung** die Erbfolge aufgeteilt ist.

Gemäß § 1928 Abs. 2 **erben die Urgroßeltern**, die zur Zeit des Erbfalls leben, allein und zu gleichen Teilen und zwar ohne Unterschied, ob sie derselben oder verschiedenen Linien angehören.

Anm.: Gemäß § 1928 Abs. 2 ist das Linienprinzip ab der vierten Ordnung aufgegeben.

Daher sind nur U_1 und U_8 Erben der E geworden. Die Abkömmlinge der vorverstorbenen Urgroßelternteile – hier G, T und N als Abkömmlinge des U_7 – treten nicht an deren Stelle, da gemäß § 1928 Abs. 2 das Linien- und Stammprinzip in der vierten Ordnung aufgegeben worden ist.

Mehrere Urgroßeltern erben gemäß § 1928 Abs. 2 zu gleichen Teilen, sodass U_1 und U_8 die E zu je 1/2 beerben.

Abwandlung: Wer beerbt die E, wenn U_1 und U_8 ebenfalls vorverstorben sind?

Erblasserin E war zum Todeszeitpunkt unverheiratet und hatte keine gewillkürte Erbfolge angeordnet, sodass sie gemäß §§ 1924 ff. von ihren Verwandten beerbt wird.

A. Erbfähige Verwandte sind der Großonkel G, die Großtante T sowie deren Sohn, der Großneffe N, da alle anderen Verwandten der E bereits vorverstorben sind.

B. G, T und N sind als Abkömmlinge der Urgroßeltern gemäß § 1928 Abs. 1 Erben der vierten Ordnung. Es sind jedoch keine Verwandten einer vorhergehenden Ordnung vorhanden, sodass G, T und N gemäß § 1930 zur Erbfolge berufen sind.

C. Sind in der vierten Ordnung keine Urgroßeltern vorhanden, so erbt gemäß § 1928 Abs. 3 von ihren Abkömmlingen derjenige, der mit der Erblasserin dem Grade nach am nächsten verwandt ist **(Gradual- oder Gradsystem)**.

Gradualsystem: Erbe wird derjenige Abkömmling der Urgroßeltern, der dem Grade nach mit dem Erblasser am nächsten verwandt ist, § 1928 Abs. 3.
Das Gradualsystem gilt **innerhalb** der vierten Ordnung, aber auch **innerhalb** der fünften und der ferneren Ordnungen. Die Graderbfolge gilt jedoch immer nur in der jeweils zur Erbfolge berufenen Ordnung.[2]

Der Grad der Verwandtschaft bestimmt sich gemäß § 1589 S. 3 nach der Anzahl der vermittelnden Geburten. Dabei wird die Geburt der die Verwandtschaft vermittelnden Person nicht mitgezählt.

Demnach sind G und T mit der Erblasserin E im vierten Grad, der N jedoch nur im fünften Grad verwandt. Infolgedessen sind G und T zu Erben der E berufen.

Gemäß § 1928 Abs. 3 Hs. 2 erben mehrere gleich nahe Verwandte zu gleichen Teilen, sodass G und T die E zu je 1/2 beerben.

2 Röthel, Erbrecht, § 8 Rn. 23.

2. Ehegattenerbrecht

Fall 5: Ehegattenerbrecht bei Zugewinngemeinschaft

E verstirbt, ohne ein Testament errichtet zu haben. Er hinterlässt seine Ehefrau F und die gemeinsamen Kinder A, B und C.

Als E und F geheiratet haben, hatten beide keinerlei Vermögen. Frau F hat jedoch während der Ehe von ihrem Vater 10.000 € geerbt. Als E starb, bestand sein Vermögen aus einer Eigentumswohnung im Wert von 200.000 €, einem Sparguthaben in Höhe von 150.000 € sowie einer Stereoanlage im Wert von 10.000 €, die im Wohnzimmer der Eheleute stand und von beiden genutzt wurde. Seine Frau hatte zu diesem Zeitpunkt ein Sparkonto mit einem Guthaben von 20.000 €.

F möchte wissen, wie viel ihr vom Nachlass des E zusteht.

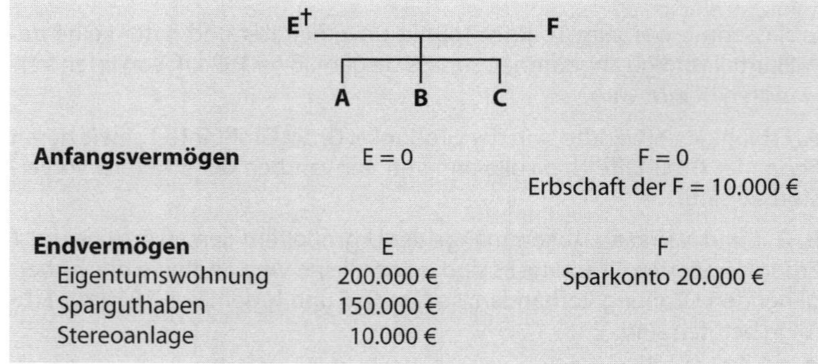

	E	F
Anfangsvermögen	E = 0	F = 0 Erbschaft der F = 10.000 €
Endvermögen	E	F
Eigentumswohnung	200.000 €	Sparkonto 20.000 €
Sparguthaben	150.000 €	
Stereoanlage	10.000 €	

F bittet um Darlegung der Rechtslage, die sich für sie nach dem Tod ihres Ehegatten E ergibt. Infolgedessen muss geprüft werden, welche erbrechtliche Stellung F innehat und welche rechtlichen Möglichkeiten sich daraus für sie ergeben.

A. Erbrechtliche Stellung der F kraft Gesetzes, **erbrechtliche Lösung**

Erblasser E hat zu Lebzeiten keine Verfügung von Todes wegen errichtet, sodass er nach der gesetzlichen Erbfolge gemäß §§ 1924 ff. beerbt wird.

I. Maßgeblich ist, **wer den E kraft gesetzlicher Erbfolge beerbt** hat.

1. F könnte **gemäß § 1931 (Mit-)Erbin** des E geworden sein.

a) Voraussetzung für das gesetzliche Ehegattenerbrecht ist die **Erbfähigkeit** des Ehegatten gemäß § 1923 sowie das **Bestehen einer wirksamen Ehe** mit dem Erblasser zur Zeit des Erbfalls; ferner darf das **Erbrecht nicht gemäß § 1933 oder § 1318 Abs. 5 ausgeschlossen** sein.

Beachte: Eine wirksame Ehe ist nicht gegeben bei einer Nichtehe, einer rechtskräftig aufgehobenen Ehe (vgl. § 1313) und einer rechtskräftig geschiedenen Ehe (vgl. § 1564).

F hat zum Zeitpunkt des Todes des E gelebt und ist daher gemäß § 1923 Abs. 1 erbfähig. Zu diesem Zeitpunkt bestand auch eine wirksame Ehe zwischen ihr und dem Erblasser E, und Ausschlussgründe greifen nicht ein, sodass F Erbin des E geworden ist.

b) Fraglich ist, **in welcher Höhe** die F den E beerbt hat.

Die Erbquote des Ehegatten bestimmt sich zum einen danach, neben Verwandten welcher Ordnung er zur Erbschaft berufen ist, und wird zum anderen von dem Güterstand beeinflusst, in welchem die Ehegatten zur Zeit des Erbfalls gelebt haben.

Die Erbquote des Ehegatten wird von zwei Faktoren bestimmt:
(1) Neben Verwandten welcher Ordnung erbt er?
(2) In welchem Güterstand haben die Ehegatten zzt. des Erbfalls gelebt?

aa) Bei **rein erbrechtlicher Betrachtung** erhält der Ehegatte gemäß § 1931 Abs. 1 S. 1 neben Verwandten erster Ordnung 1/4. Die Kinder A, B und C sind gemäß § 1924 Abs. 1 als Abkömmlinge des Erblassers Erben erster Ordnung, sodass F gemäß § 1931 Abs. 1 S. 1 1/4 des Nachlasses erhält.

bb) Diese Erbquote der F könnte **nach dem ehelichen Güterrecht zu korrigieren** sein.

E und F haben ihre güterrechtlichen Verhältnisse nicht in einem Ehevertrag geregelt und daher gemäß § 1363 Abs. 1 im gesetzlichen Güterstand der Zugewinngemeinschaft gelebt.

Gemäß § 1931 Abs. 3 i.V.m. § 1371 Abs. 1 erhöht sich der gesetzliche Erbteil des überlebenden Ehegatten – unabhängig davon, ob die Ehegatten konkret einen Zugewinn erzielt haben – pauschal um 1/4, wenn die Zugewinngemeinschaft durch den Tod eines Ehegatten beendet wird (pauschaler Zugewinnausgleich).

§ 1931 Abs. 3 i.V.m. § 1371 Abs. 1 gewährt dem Ehegatten einen **pauschalen Zugewinnausgleich** durch Erhöhung des Erbteils um 1/4.

Demnach erhöht sich der Erbteil aus § 1931 Abs. 1 S. 1 (1/4) gemäß § 1931 Abs. 3 i.V.m. § 1371 Abs. 1 um ein 1/4, sodass F Erbin zu 1/2 geworden ist.

2. Die **Kinder A, B und C sind gemäß § 1924 Abs. 1** gesetzliche Erben erster Ordnung und erben gemäß § 1924 Abs. 4 zu gleichen Teilen. Demzufolge erhalten A, B und C zu gleichen Teilen die andere Hälfte des Nachlasses des E, erben folglich zu je 1/6.

Gesetzliche Erben des E sind somit die F zu 1/2 und A, B, C zu je 1/6.

II. Der F könnte neben ihrem Erbteil ein Anspruch auf Herausgabe und Eigentumsübertragung der Stereoanlage gegen A, B und C **gemäß § 1932 Abs. 1 S. 2, Abs. 2 i.V.m. § 2174** zustehen (sogenannter **Voraus**).

1. F ist **neben Verwandten erster Ordnung gesetzliche Erbin** (s.o.).

2. Die Stereoanlage muss ferner ein **Haushaltsgegenstand** i.S.v. § 1932 sein, der nicht Grundstückszubehör ist.

Haushaltsgegenstände i.S.v. § 1932 sind alle Sachen und Rechte, die dem Erblasser gehören und dem gemeinsamen Haushalt gedient haben ohne Rücksicht auf ihren Wert oder tatsächlichen Gebrauch.[3]

Normzweck des § 1932: Ehegatte soll nach Tod des Partners sein Leben in der bisherigen Umgebung im gewohnten Stil fortführen können.

Die Stereoanlage hat Erblasser E gehört und dem gemeinsamen Haushalt der Ehegatten zur Unterhaltung gedient. Folglich stellt die Stereoanlage einen Haushaltsgegenstand i.S.d. § 1932 dar, der auch kein Grundstückszubehör i.S.v. §§ 97, 98 ist.

3. Schließlich muss F die Stereoanlage **zur Führung eines angemessenen Haushalts benötigen.**

Bei der Beurteilung dieser Frage darf nicht allein auf den Wert des Gegenstands abgestellt werden. Denn der Normzweck des § 1932 ist darauf gerichtet, dem überlebenden Ehegatten nach dem Tod des Partners die Fort-

3 Grüneberg/Weidlich, BGB, § 1932 Rn. 5.

führung seines Lebens in der bisherigen Umgebung im gewohnten Stil zu ermöglichen.[4] Maßgeblich ist daher vielmehr, ob der Ehegatte bereits genügend Gegenstände dieser Art besitzt oder ob ihm ein Selbsterwerb zugemutet werden kann.

F besitzt selber keine derartige Stereoanlage und angesichts der Vermögensverhältnisse und des tatsächlichen Gebrauchs der Anlage durch die Ehegatten, erscheint es auch nicht angemessen, sie auf einen Selbsterwerb zu verweisen.

4. Als **Rechtsfolge** steht der F gemäß § 1932 Abs. 2 i.V.m. § 2174 gegen die Kinder A, B und C ein schuldrechtlicher Anspruch auf Herausgabe und Eigentumsübertragung der Stereoanlage zu.

III. Ergebnis der erbrechtlichen Lösung

1. Gesetzliche Erben des E sind seine Ehefrau F zu 1/2 und seine Kinder A, B, C zu je 1/6.

2. F hat neben ihrem Erbteil gegen A, B, C einen Anspruch auf Herausgabe der Stereoanlage.

3. Wertmäßig stehen der F vom Nachlass des E, der 360.000 € beträgt, daher die Stereoanlage mit 10.000 € sowie 175.000 € (= 1/2 der restlichen 350.000 €), also insgesamt 185.000 € zu; die Kinder A, B und C erhalten wertmäßig jeweils 58.333,33 € (= 1/6 der restlichen 350.000 €).

B. Güterrechtliche Lösung

Eventuell gibt es für die F noch eine andere Möglichkeit, bei der ihr das Vermögen des E in höherem Umfang zufließt.

Die Ausschlagung der Erbschaft muss gemäß §§ 1944 ff. innerhalb einer Frist von sechs Wochen nach Kenntnis vom Anfall der Erbschaft durch Erklärung gegenüber dem Nachlassgericht erfolgen.

F könnte die Erbschaft gemäß §§ 1944 ff. ausschlagen. Sie würde dann zwar ihre Erbenstellung verlieren und die Kinder A, B und C wären in diesem Fall gemäß § 1924 Abs. 1 und 4 Erben zu je 1/3; F könnte jedoch gemäß § 1371 Abs. 3 den konkreten Zugewinnausgleich und den Pflichtteil verlangen.

Infolgedessen ist zu prüfen, ob F bei dieser Vorgehensweise wertmäßig mehr vom Vermögen des E erhalten würde.

I. Gemäß § 1371 Abs. 3 steht dem Ehegatten, der die Erbschaft ausschlägt, ein **konkret berechneter Zugewinnausgleichsanspruch** zu. Der Ausgleichsanspruch richtet sich, da § 1371 Abs. 3 ein Unterfall des § 1371 Abs. 2 ist, gemäß § 1371 Abs. 2 nach den §§ 1373 bis 1383, 1390.

Dem Ehegatten, der einen geringeren Zugewinn erzielt hat als der andere, steht gemäß § 1378 Abs. 1 die Hälfte der Differenz der Zugewinne als Ausgleichsforderung zu.

Zugewinn = Endvermögen – Anfangsvermögen

Folglich muss der jeweilige Zugewinn von E und F ermittelt werden:

Zugewinn ist nach der **Legaldefinition des § 1373** der Betrag, um den das Endvermögen eines Ehegatten das Anfangsvermögen übersteigt. Endvermögen ist dabei das Vermögen, das einem Ehegatten nach Abzug der Verbindlichkeiten bei Beendigung des Güterstands gehört, vgl. § 1375 Abs. 1; Anfangsvermögen ist das Vermögen, das einem Ehegatten nach Abzug der Verbindlichkeiten beim Eintritt des Güterstands gehört, vgl. § 1374 Abs. 1.

---

4 Röthel § 10 Rn. 2.

1. E hatte bei Beendigung der Zugewinngemeinschaft ein Vermögen von insgesamt 360.000 €. Die Stereoanlage wird bei der güterrechtlichen Lösung nicht vom Vermögen des E abgezogen, da der F wegen der Ausschlagung der Erbschaft der Anspruch aus § 1932 nicht zusteht. Das Anfangsvermögen des E betrug 0 €, sodass sich **sein Zugewinn** auf **360.000 €** beläuft.

2. Das Endvermögen der F beträgt 20.000 €. Ihr Anfangsvermögen beläuft sich eigentlich auf 0 €, aber gemäß § 1374 Abs. 2 wird die Erbschaft, die sie während der Ehe von ihrem Vater erhalten hat, dem Anfangsvermögen hinzugerechnet. Infolgedessen hat die F ein Anfangsvermögen von 10.000 €, sodass **sie einen Zugewinn i.H.v. 10.000 €** erzielt hat.

Anm.: Die Hinzurechnung gemäß § 1374 Abs. 2 verhindert, dass Beträge, die ein Ehegatte wegen einer persönlichen Beziehung zu einem Dritten erhalten hat, ausgleichspflichtig sind.

3. Die **Differenz** der beiden Zugewinne beläuft sich daher auf **350.000 €**.

4. Gemäß § 1378 Abs. 1 steht der F, die einen geringeren Zugewinn erzielt hat, eine **Ausgleichsforderung** in Höhe der Hälfte der Differenz zu, also **i.H.v. 175.000 €**.

II. Gemäß § 1371 Abs. 3 steht dem Ehegatten, der die Erbschaft ausgeschlagen hat, neben dem Zugewinn ein **Pflichtteilsanspruch** zu.

1. Die **Pflichtteilsquote** beträgt gemäß § 2303 Abs. 1 S. 2 die Hälfte des gesetzlichen Erbteils.

Der gesetzliche Erbteil der F beträgt gemäß § 1931 Abs. 1 S. 1 1/4 (s.o.). Die Erhöhung gemäß § 1931 Abs. 3 i.V.m. § 1371 Abs. 1 ist bei der Berechnung des Pflichtteils im Rahmen des § 1371 Abs. 3 nicht zu berücksichtigen, vgl. § 1371 Abs. 2 a.E. (sogenannter kleiner Pflichtteil). Also beträgt die Pflichtteilsquote der F die Hälfte des sich aus § 1931 Abs. 1 S. 1 ergebenden Erbteils i.H.v. 1/4, also 1/8.

Anm.: Der Ehegatte erhält bei güterrechtlicher Lösung bereits den konkreten Zugewinnausgleich, daher bestimmt § 1371 Abs. 2 a.E., dass der pauschale Zugewinnausgleich in diesem Fall nicht auch noch eingreift.

2. Bei der **Berechnung der Höhe des Pflichtteilsanspruchs** ist der Bestand und der Wert des Nachlasses zur Zeit des Erbfalls zugrunde zu legen, vgl. § 2311. Der Bestand des Nachlasses ergibt sich aus einem Vergleich der im Zeitpunkt des Erbfalls vorhandenen Aktiva und Passiva.

An Aktiva sind im vorliegenden Fall 360.000 € vorhanden. Davon abzuziehen sind die Erblasserschulden, also die „vom Erblasser herrührenden Schulden", und die Erbfallschulden, also die „den Erben als solchen treffenden Verbindlichkeiten", vgl. § 1967 Abs. 2.[5] Infolgedessen ist der Zugewinnausgleichsanspruch der F i.H.v. 175.000 € als Erbfallschuld abzuziehen, sodass sich ein Nachlasswert von 185.000 € (360.000 € –175.000 €) ergibt.

Ansonsten würden die 175.000 € doppelt berücksichtigt.

Also beträgt der Pflichtteilsanspruch der F 1/8 von 185.000 €, somit 23.125 €.

III. Ergebnis der güterrechtlichen Lösung

Bei der güterrechtlichen Lösung erhielte die F demnach 175.000 € als Zugewinnausgleichsforderung sowie 23.125 € als Pflichtteilsanspruch, daher insgesamt 198.125 €.

C. Gesamtergebnis

Die güterrechtliche Lösung ist daher bei rein wertmäßiger Betrachtung für die F günstiger, da ihr bei der erbrechtlichen Lösung lediglich insgesamt 185.000 € zufließen.

5 Hk-BGB/Hoeren, § 2311 Rn. 6, 7.

1. Abwandlung: Ehegattenerbrecht bei Gütertrennung

Wie ist die Rechtslage – ausgehend vom Sachverhalt des Falls 5 –, wenn E und F im Güterstand der Gütertrennung gelebt haben?

Erblasser E, der zu Lebzeiten keine Verfügung von Todes wegen errichtet hat, wird nach der gesetzlichen Erbfolge gemäß §§ 1924 ff. beerbt.

A. Gesetzliche Erben des E

I. Gesetzliche Erbenstellung der Ehefrau F

1. F hat zum Zeitpunkt des Todes des E gelebt und ist daher gemäß § 1923 Abs. 1 erbfähig. Zu diesem Zeitpunkt bestand auch eine wirksame Ehe zwischen ihr und dem Erblasser E, und Ausschlussgründe greifen nicht ein, sodass F **Erbin** des E geworden ist.

2. Fraglich ist, **in welcher Höhe** die F den E beerbt hat.

aa) Bei **rein erbrechtlicher Betrachtung** erhält die F gemäß § 1931 Abs. 1 S. 1 1/4.

bb) Diese Erbquote könnte **nach dem ehelichen Güterrecht zu korrigieren** sein.

Sinn des § 1931 Abs. 4: Der überlebende Ehegatte soll immer mindestens so viel vom Nachlass des verstorbenen Ehepartners erhalten wie die Kinder. Rechnerisch bedarf es nur bei ein oder zwei Kindern einer Korrektur, da ab drei Kindern der sich aus § 1931 Abs. 1 S. 1 ergebende Erbteil von 1/4 den überlebenden Ehegatten ausreichend absichert.

E und F haben im Güterstand der Gütertrennung gelebt. Für diesen Güterstand enthält § 1931 Abs. 4 eine Korrektur der Erbquote: Wenn neben dem überlebenden Ehegatten ein oder zwei Kinder zu gesetzlichen Erben berufen sind, so erben der Ehegatte und die Kinder zu gleichen Teilen.

Hier sind neben der Ehefrau F jedoch drei Kinder zu gesetzlichen Erben berufen, sodass die Korrektur des § 1931 Abs. 4 nicht einschlägig ist.

Daher ist die F Erbin des E zu 1/4.

II. Gesetzliche Erbenstellung der Kinder A, B und C

Die Kinder A, B und C sind gemäß § 1924 Abs. 1 gesetzliche Erben erster Ordnung und erben gemäß § 1924 Abs. 4 zu gleichen Teilen.

Demzufolge erhalten A, B und C zu gleichen Teilen den übrigen Nachlass des E, erben folglich zu je 1/4.

Gesetzliche Erben des E sind somit die F und die Kinder A, B, C zu je 1/4.

B. F steht neben ihrem Erbteil ein schuldrechtlicher Anspruch auf Herausgabe und Eigentumsübertragung der Stereoanlage gegen A, B und C gemäß § 1932 Abs. 1 S. 2, Abs. 2 i.V.m. § 2174 zu (s.o).

C. Ergebnis

Wertmäßig stehen der F vom Nachlass des E, der 360.000 € beträgt, daher die Stereoanlage mit 10.000 € sowie 87.500 € (= 1/4 der restlichen 350.000 €), also insgesamt 97.500 € zu; die Kinder A, B und C erhalten wertmäßig jeweils 87.500€ (= 1/4 der restlichen 350.000 €).

2. Abwandlung: Ehegattenerbrecht bei Gütergemeinschaft

Wie ist die Rechtslage – ausgehend vom Sachverhalt des Falls 5 –, wenn E und F im Güterstand der Gütergemeinschaft gelebt haben und die Stereoanlage durch Ehevertrag zum Vorbehaltsgut des E erklärt wurde?

Erblasser E, der zu Lebzeiten keine Verfügung von Todes wegen errichtet hat, wird nach der gesetzlichen Erbfolge gemäß §§ 1924 ff. beerbt.

A. Gesetzliche Erben des E

I. Gesetzliche Erbenstellung der Ehefrau F

1. F hat zum Zeitpunkt des Todes des E gelebt und ist daher gemäß § 1923 Abs. 1 erbfähig. Zu diesem Zeitpunkt bestand auch eine wirksame Ehe zwischen ihr und Erblasser E, und Ausschlussgründe greifen nicht ein, sodass F **Erbin** des E geworden ist.

2. Fraglich ist, **in welcher Höhe** die F den E beerbt hat.

aa) Bei **rein erbrechtlicher Betrachtung** erhält die F gemäß § 1931 Abs. 1 S. 1 1/4.

bb) Diese Erbquote könnte **nach dem ehelichen Güterrecht zu korrigieren** sein.

E und F haben im Güterstand der Gütergemeinschaft gelebt. Für diesen Güterstand enthält § 1931 keine Korrektur der Erbquote und auch im ehelichen Güterrecht wird lediglich auf die allgemeinen erbrechtlichen Regeln verwiesen, vgl. § 1482 S. 2.

Daher ist die F Erbin des E zu 1/4.

II. Gesetzliche Erbenstellung der Kinder A, B und C

Die Kinder A, B und C sind gemäß § 1924 Abs. 1 u. 4 zu gleichen Teilen gesetzliche Erben erster Ordnung und beerben den E daher zu je 1/4.

Gesetzliche Erben des E sind somit die F und die Kinder A, B, C zu je 1/4.

B. F könnte neben ihrem Erbteil ein **schuldrechtlicher Anspruch** auf Herausgabe und Eigentumsübertragung der Stereoanlage gegen A, B und C **gemäß § 1932 Abs. 1 S. 2, Abs. 2 i.V.m. § 2174** zustehen.

Dazu muss es sich bei der Stereoanlage um einen Haushaltsgegenstand handeln, der dem E gehört hat.

Voraussetzung des Herausgabeanspruchs aus § 1932 Abs. 1 S. 2 ist zunächst, dass die Stereoanlage überhaupt im Eigentum des E stand.

Bei der Gütergemeinschaft werden das Vermögen des Mannes und der Frau gemäß § 1416 Abs. 1 gemeinschaftliches Vermögen der Ehegatten, es sei denn, es handelt sich um Sonder- oder Vorbehaltsgut, das Eigentum des jeweiligen Ehegatten bleibt, §§ 1417, 1418. Die Stereoanlage ist durch Ehevertrag zum Vorbehaltsgut gemäß § 1418 Abs. 2 Nr. 1 erklärt worden und stand daher im Eigentum des E.

Da es sich bei der Anlage auch um einen Haushaltsgegenstand handelt, den die F zur Führung eines angemessenen Haushalts benötigt, steht ihr gegen A, B und C ein Anspruch auf Herausgabe und Eigentumsübertragung der Stereoanlage gemäß § 1932 Abs. 1 S. 2, Abs. 2 i.V.m. § 2174 zu.

C. Ergebnis

I. Erben des E sind somit die Ehefrau F und die Kinder A, B, C zu je 1/4; ferner steht der F ein Anspruch auf Herausgabe der Stereoanlage zu.

II. Fraglich ist, was dieses Ergebnis für die Beteiligten wertmäßig bedeutet.

Dazu muss zunächst ermittelt werden, was überhaupt zum Nachlass des E gehört.

Wird die Gütergemeinschaft durch den Tod eines Ehegatten aufgelöst, dann gehört zum einen das Sonder- und Vorbehaltsgut des Verstorbenen zum Nachlass, da es im Eigentum des Erblassers stand; zum anderen fällt gemäß § 1482 S. 1 der Anteil des verstorbenen Ehegatten am Gesamtgut in den Nachlass.

1. Zum Nachlass des E gehört daher die Stereoanlage, die sein **Vorbehaltsgut** war, (s.o.).

2. Gemäß § 1476 Abs. 1 steht das Gesamtgut den Ehegatten zu gleichen Teilen zu. Daher fällt die **Hälfte des Gesamtguts** in den Nachlass.

Möglicherweise gehört die Erbschaft, die die F von ihrem Vater erhalten hat, nicht zum Gesamtgut der Ehegatten. Gemäß § 1418 Abs. 2 Nr. 2 kann der Erblasser durch letztwillige Verfügung bestimmen, dass die Erbschaft zum Vorbehaltsgut des Erben gehören soll. Eine solche Bestimmung ist jedoch seitens des Vaters der F nicht erfolgt, sodass die Erbschaft Gesamtgut der Ehegatten geworden ist.

Die Erbschaft der F i.H.v. 10.000 € ist in den 20.000 € enthalten, die sich auf dem Sparkonto der F befinden.

Das Gesamtgut von E und F beträgt daher insgesamt 370.000 € (Eigentumswohnung 200.000 €, Sparguthaben 150.000 €, Sparkonto 20.000 €). Die Hälfte davon, also 185. 000 € gehören zum Nachlass des E. Die andere Hälfte, also ebenfalls 185.000 € fällt an Frau F.

Der Nachlass des E besteht daher aus der Stereoanlage im Wert von 10.000 € sowie seinem Anteil am Gesamtgut i.H.v. 185.000 €.

Die F erhält vom Nachlass des E die Stereoanlage im Wert von 10.000 € sowie 46.250 € (= 1/4 von 185.000 €), also wertmäßig insgesamt 56.250 €, während die Kinder A, B und C jeweils 46.250 € (= 1/4 von 185.000 €) erhalten.

Beachte: Eine Korrektur der Erbquote ist bei Gütergemeinschaft nicht erforderlich, da der überlebende Ehegatte durch das Güterrecht bereits ausreichend geschützt wird: Er erhält neben seinem Erbteil die Hälfte des Gesamtguts.

Insgesamt erhält F daher nach dem Tod des E 241.250 € (= 185.000 € als ihren Anteil vom Gesamtgut, 10.000 € in Form der Stereoanlage und 46.250 € als Erbteil vom Nachlass des E).

Fall 6: Gesetzliches Erbrecht des Ehegatten neben gesetzlichen Erben dritter Ordnung

Als F stirbt, leben neben ihrem Ehemann E noch ihre Großmutter väterlicherseits, GM_1, und eine Schwester ihrer Mutter, Tante T. E und F haben im gesetzlichen Güterstand der Zugewinngemeinschaft gelebt.

Wer beerbt die F?

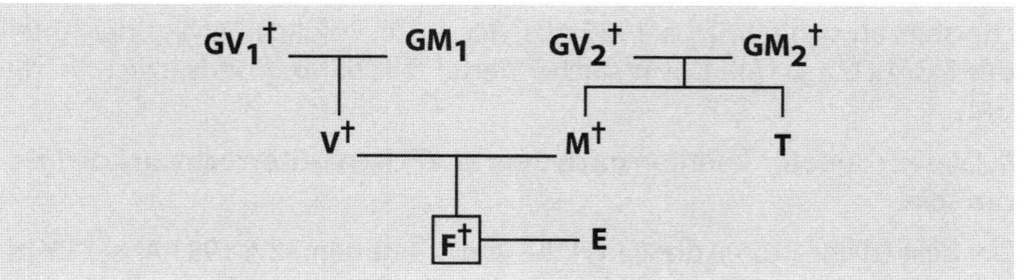

Erblasserin F hat zu Lebzeiten keine Verfügung von Todes wegen errichtet, sodass sie nach der gesetzlichen Erbfolge gemäß §§ 1924 ff. beerbt wird.

Fraglich ist, wer die F kraft gesetzlicher Erbfolge beerbt hat.

A. Gesetzliche Erben der F

I. E hat zum Zeitpunkt des Todes der Erblasserin F gelebt und ist daher gemäß § 1923 Abs. 1 erbfähig. Zu diesem Zeitpunkt bestand auch eine wirksame Ehe zwischen ihm und Erblasserin F, und Ausschlussgründe greifen nicht ein, sodass **Ehemann E Erbe** der F geworden ist.

II. Daneben erben gemäß §§ 1924 ff. die **Verwandten** des Erblassers.

1. Gemäß § 1589 sind die Personen miteinander verwandt, die voneinander oder von einer gemeinsamen dritten Person abstammen.

Demzufolge sind der Vater V, die Mutter M sowie die Großelternteile GV_1, GM_1, GV_2, GM_2 und Tante T mit der Erblasserin F verwandt.

2. Die Verwandten des Erblassers können nur erben, wenn sie gemäß § 1923 erbfähig sind.

Die Eltern V und M sowie die Großelternteile GV_1, GV_2, GM_2 sind bereits vorverstorben, sodass sie mangels Erbfähigkeit die F nicht beerben, während die Großmutter väterlicherseits – die GM_1 – und die Tante T zum Zeitpunkt des Erbfalls noch leben und daher gemäß § 1923 erbfähig sind.

3. Es sind keine Verwandten vorhergehender Ordnungen vorhanden, sodass weder T noch GM_1 gemäß § 1930 als Erben ausscheiden.

4. Das Erbrecht der T könnte jedoch **ausgeschlossen** sein.

Beachte:
Von Verwandten der 3. Ordnung kommen neben dem Ehegatten nur die Großeltern zum Zuge, § 1931 Abs. 1 S. 2, Abs. 2.

Gemäß § 1931 Abs. 1 S. 2 fällt der Erbteil, den Abkömmlinge von Großeltern innerhalb der dritten Ordnung nach § 1926 Abs. 3 und 4 erhalten würden, dem überlebenden Ehegatten zu. Gemäß § 1931 Abs. 2 erbt der überlebende Ehegatte allein, wenn weder Verwandte der ersten noch der zweiten Ordnung, noch Großeltern vorhanden sind.

Aus § 1931 Abs. 1 S. 2, Abs. 2 folgt daher, dass von den Verwandten der dritten Ordnung neben dem Ehegatten nur die Großeltern zum Zuge kommen. Das Erbrecht der anderen Verwandten ist ausgeschlossen.

Infolgedessen ist das Erbrecht der T gemäß § 1931 Abs. 1 S. 2, Abs. 2 ausgeschlossen und Erben der F sind daher nur E und GM_1.

B. Fraglich ist, in welcher Höhe der E die F beerbt hat.

I. Bei **rein erbrechtlicher Betrachtung** erhält E zum einen gemäß § 1931 Abs. 1 S. 1 neben den Großeltern die Hälfte der Erbschaft. Zusätzlich bekommt er gemäß § 1931 Abs. 1 S. 2 den Anteil, der nach § 1926 den Abkömmlingen der Großeltern zufallen würde.

Tante T erhält als Abkömmling der vorverstorbenen Großeltern mütterlicherseits an sich gemäß § 1926 Abs. 3 S. 1 1/4. Folglich beträgt der Anteil des E 3/4 (1/2 + 1/4). Das restliche Viertel fällt dann grundsätzlich an die GM_1.

II. Diese Erbquoten könnten **nach dem ehelichen Güterrecht zu korrigieren** sein.

Der gesetzliche Erbteil des E in Höhe von 3/4 ist gemäß § 1931 Abs. 3 i.V.m. § 1371 Abs. 1 um 1/4 zu erhöhen, sodass E gesetzlicher Alleinerbe ist und die GM_1 nichts erhält.

Diese für den überlebenden Ehegatten sehr vorteilhafte Berechnungsweise könnte den Interessen der neben dem Ehegatten an sich zur Erbfolge berufenen Großeltern nicht gerecht werden und daher zu korrigieren sein.

1. Eine Ansicht in der Literatur hält diese Art der Erbquotenberechnung für richtig, da das Erbrecht des Ehegatten gegenüber dem Erbrecht entfernterer Verwandter einen umfassenderen Schutz verdiene.[6]

Nach dieser Ansicht ist E Alleinerbe der F.

2. Die **h.M.** stellt darauf ab, dass die Erbteilserhöhung gemäß § 1371 Abs. 1 nicht den Sinn habe, das Erbrecht noch lebender Großeltern auszuschließen.[7] Um Unbilligkeiten zulasten der Großeltern zu vermeiden, müsse daher zur Festlegung des gesetzlichen Erbteils des Ehegatten von § 1931 Abs. 1 S. 1 – also 1/2 – ausgegangen werden und dieser erhöhe sich gemäß § 1931 Abs. 3 i.V.m. § 1371 Abs. 1 um 1/4. Das verbleibende Viertel werde sodann gemäß § 1931 Abs. 1 S. 2 zwischen Großeltern und Ehegatten aufgeteilt, sodass hiervon E und die GM_1 jeweils 1/8 erhalten.

Nach h.M. beerbt E die F zu 7/8 und die GM_1 die F zu 1/8.

3. Stellungnahme: Die Gewährung eines pauschalen Zugewinnausgleichs durch Erhöhung des Erbteils um 1/4 gemäß § 1931 Abs. 3 i.V.m. § 1371 Abs. 1 hat den Zweck, dem überlebenden Ehegatten die Schwierigkeiten abzunehmen, die sich aus der konkreten Ermittlung des Wertes von Anfangs- und Endvermögen ergeben können. Die Regelung dient daher dem Familienfrieden und bezweckt nicht den Ausschluss des Erbrechts von Großeltern.

Infolgedessen ist der h.M. zu folgen, sodass E die F zu 7/8 und die GM_1 die F zu 1/8 beerbt.

---

6 Jauernig/Stürner, BGB, § 1931 Rn. 4.

7 MünchKommBGB/Leipold, § 1931 Rn. 33 m.w.N.

3. Gesetzliches Erbrecht des gleichgeschlechtlichen Lebenspartners

Beachte: Seit dem 01.10.2017 können gleichgeschlechtliche Paare gemäß § 1353 Abs. 1 S. 1 heiraten. Bestehende Lebenspartnerschaften können gemäß § 20 a LPartG auf Antrag in eine Ehe umgewandelt werden. Neue Lebenspartnerschaften können daher seit dem 01.10.2017 nicht mehr begründet werden, aber für die bestehenden Lebenspartnerschaften, die keine Umwandlung in eine Ehe gemäß § 20 a LPartG wünschen, bleiben die Regeln des LPartG relevant.

Fall 7: Gesetzliches Erbrecht des gleichgeschlechtlichen Lebenspartners

E verstirbt, ohne ein Testament errichtet zu haben. Er hinterlässt seinen Lebenspartner, Herrn L, und die Kinder A, B und C, die aus seiner geschiedenen Ehe mit der X stammen.

Als E und L die Lebenspartnerschaft begründet haben, hatten beide keinerlei Vermögen. L hat jedoch während der Lebenspartnerschaft von seinem Vater 10.000 € geerbt. Als E starb, bestand sein Vermögen aus einer Eigentumswohnung im Wert von 200.000 €, einem Sparguthaben in Höhe von 150.000 € sowie einer Stereoanlage im Wert von 10.000 €, die im Wohnzimmer der Lebenspartner stand und von beiden genutzt wurde. L hatte zu diesem Zeitpunkt ein Sparkonto mit einem Guthaben von 20.000 €.

L möchte wissen, wie viel ihm vom Nachlass des E zusteht.

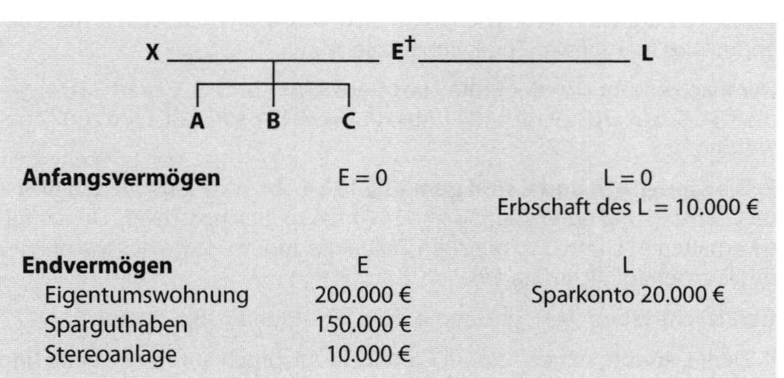

	E	L
Anfangsvermögen	E = 0	L = 0 Erbschaft des L = 10.000 €
Endvermögen	E	L
Eigentumswohnung	200.000 €	Sparkonto 20.000 €
Sparguthaben	150.000 €	
Stereoanlage	10.000 €	

Erblasser E hat zu Lebzeiten keine Verfügung von Todes wegen errichtet, sodass er nach der gesetzlichen Erbfolge gemäß §§ 1924 ff. und § 10 LPartG beerbt wird.

A. Erbrechtliche Lösung

I. Gesetzliche Erben des E

Kraft gesetzlicher Erbfolge könnten L sowie A, B und C den E beerbt haben.

1. L könnte **gemäß § 10 LPartG (Mit-)Erbe** des E geworden sein.

a) Voraussetzung für das gesetzliche Erbrecht des Lebenspartners ist die **Erbfähigkeit** gemäß § 1923 sowie das **Bestehen einer wirksamen Lebenspartnerschaft** mit dem Erblasser zur Zeit des Erbfalls; ferner darf das **Erbrecht nicht gemäß § 10 Abs. 3 LPartG ausgeschlossen** sein.

Beachte: Wirksame Lebenspartnerschaft (–) bei rechtskräftig aufgehobener Lebenspartnerschaft, § 15 LPartG, sowie bei fehlerhafter Begründung, § 1 Abs. 1, 3 LPartG.

L hat zum Zeitpunkt des Todes des E gelebt und ist daher gemäß § 1923 Abs. 1 erbfähig. Zu diesem Zeitpunkt bestand auch eine wirksame Lebenspartnerschaft zwischen ihm und dem Erblasser E und Ausschlussgründe greifen nicht ein. Infolgedessen ist L Erbe des E geworden.

b) Fraglich ist, **in welcher Höhe** der L den E beerbt hat.

Die Erbquote des Lebenspartners wird – wie die von Ehegatten – von zwei Faktoren bestimmt: (1) neben Verwandten welcher Ordnung erbt er? (2) in welchem Güterstand haben die Lebenspartner zzt. des Erbfalls gelebt?

Die Erbquote des Lebenspartners bestimmt sich zum einen danach, neben Verwandten welcher Ordnung er zur Erbschaft berufen ist, und wird zum anderen von dem Güterstand beeinflusst, in welchem die Lebenspartner zur Zeit des Erbfalls gelebt haben.

aa) Bei **rein erbrechtlicher Betrachtung** erhält der Lebenspartner gemäß § 10 Abs. 1 S. 1 LPartG neben Verwandten der ersten Ordnung ¼. Die Kinder A, B und C sind gemäß § 1924 Abs. 1 als Abkömmlinge des Erblassers Erben erster Ordnung, sodass L gemäß § 10 Abs. 1 S. 1 LPartG 1/4 des Nachlasses erhält.

bb) Diese Erbquote des L könnte **nach dem Güterrecht zu korrigieren** sein.

E und L haben ihre güterrechtlichen Verhältnisse nicht in einem Lebenspartnerschaftsvertrag geregelt und daher gemäß § 6 S. 1 LPartG im gesetzlichen Güterstand der Zugewinngemeinschaft gelebt.

§ 6 S. 2 LPartG i.V.m. § 1371 Abs. 1 gewährt dem Lebenspartner einen **pauschalen Zugewinnausgleich** durch Erhöhung des Erbteils um 1/4.

Gemäß § 6 S. 2 LPartG i.V.m. § 1371 Abs. 1 erhöht sich der gesetzliche Erbteil des überlebenden Lebenspartners – unabhängig davon, ob die Lebenspartner konkret einen Zugewinn erzielt haben – pauschal um 1/4, wenn die Zugewinngemeinschaft durch den Tod eines Lebenspartners beendet wird (pauschaler Zugewinnausgleich).

Demnach erhöht sich der Erbteil des L aus § 10 Abs. 1 S. 1 LPartG (1/4) gemäß § 6 S. 2 LPartG i.V.m. § 1371 Abs. 1 um ein 1/4, sodass L Erbe zu 1/2 geworden ist.

2. Die **Kinder A, B und C sind gemäß § 1924 Abs. 1** gesetzliche Erben erster Ordnung und erben gemäß § 1924 Abs. 4 zu gleichen Teilen. Demzufolge erhalten A, B und C zu gleichen Teilen die andere Hälfte des Nachlasses des E, erben folglich zu je 1/6.

Gesetzliche Erben des E sind somit der L zu 1/2 und A, B, C zu je 1/6.

II. Dem L könnte neben seinem Erbteil ein Anspruch auf Herausgabe und Eigentumsübertragung der Stereoanlage gegen A, B und C gemäß **§ 10 Abs. 1 S. 4, 5 LPartG i.V.m. § 2174** zustehen (sogenannter **Voraus**).

1. L ist **neben Verwandten erster Ordnung gesetzlicher Erbe** (s.o.).

2. Die Stereoanlage ist ferner ein **Haushaltsgegenstand** i.S.v. § 10 Abs. 1 S. 3, 4 LPartG, der nicht Grundstückszubehör ist (s.o. Fall 5).

3. L benötigt die Stereoanlage **zur Führung eines angemessenen Haushalts** (s.o. Fall 5).

4. Als **Rechtsfolge** steht dem L gemäß § 10 Abs. 1 S. 5 LPartG i.V.m. § 2174 gegen die Kinder A, B und C ein schuldrechtlicher Anspruch auf Herausgabe und Eigentumsübertragung der Stereoanlage zu.

III. Ergebnis der erbrechtlichen Lösung

1. Gesetzliche Erben des E sind sein Lebenspartner L zu 1/2 und seine Kinder A, B, C zu je 1/6.

2. L hat neben seinem Erbteil gegen A, B, C einen Anspruch auf Herausgabe der Stereoanlage.

3. Wertmäßig stehen dem L vom Nachlass des E, der 360.000 € beträgt, daher die Stereoanlage mit 10.000 € sowie 175.000 € (= 1/2 der restlichen 350.000 €), also insgesamt 185.000 € zu; die Kinder A, B und C erhalten wertmäßig jeweils 58.333,33 € (= 1/6 der restlichen 350.000 €).

B. Güterrechtliche Lösung

Eventuell gibt es für L noch eine andere Möglichkeit, bei der ihm das Vermögen des E vielleicht in höherem Umfang zufließt.

L könnte die Erbschaft gemäß §§ 1944 ff. innerhalb einer Frist von sechs Wochen nach Kenntnis vom Anfall der Erbschaft durch Erklärung gegenüber dem Nachlassgericht ausschlagen.

Er würde dann zwar seine Erbenstellung verlieren und die Kinder A, B und C wären in diesem Fall gemäß § 1924 Abs. 1 u. 4 Erben zu je 1/3; L könnte jedoch gemäß § 6 S. 2 LPartG i.V.m. § 1371 Abs. 3 den konkreten Zugewinnausgleich und den Pflichtteil verlangen.

Infolgedessen ist zu prüfen, ob L bei dieser Vorgehensweise wertmäßig mehr vom Vermögen des E erhalten würde.

I. Gemäß § 6 S. 2 LPartG i.V.m. § 1371 Abs. 3 steht dem Lebenspartner, der die Erbschaft ausschlägt, ein **konkret berechneter Zugewinnausgleichsanspruch** zu. Der Ausgleichsanspruch richtet sich gemäß § 6 S. 2 LPartG i.V.m. § 1371 Abs. 2 nach den §§ 1373–1383, 1390.

Dem Lebenspartner, der einen geringeren Zugewinn erzielt hat als der andere, steht gemäß § 6 S. 2 LPartG i.V.m. § 1378 Abs. 1 die Hälfte der Differenz der Zugewinne als Ausgleichsforderung zu.

Folglich muss zunächst der Zugewinn von E und L ermittelt werden:

Zugewinn ist nach der Legaldefinition des § 6 S. 2 LPartG i.V.m. § 1373 der Betrag, um den das Endvermögen eines Lebenspartners (§ 6 S. 2 LPartG i.V.m. § 1375 Abs. 1) das Anfangsvermögen (§ 6 S. 2 LPartG i.V.m. § 1374 Abs. 1) übersteigt.

1. E hatte bei Beendigung der Zugewinngemeinschaft ein Vermögen von insgesamt 360.000 €. Die Stereoanlage wird bei der güterrechtlichen Lösung nicht vom Vermögen des E abgezogen, da dem L wegen der Ausschlagung der Erbschaft der Anspruch aus § 10 Abs. 1 S. 3–5 LPartG nicht zusteht. Das Anfangsvermögen des E betrug 0 €, sodass sich **sein Zugewinn auf 360.000 €** beläuft.

2. Das Endvermögen des L beträgt 20.000 €. Sein Anfangsvermögen beläuft sich eigentlich auf 0 €, aber gemäß § 6 S. 2 LPartG i.V.m. § 1374 Abs. 2 wird die Erbschaft, die er während der Lebenspartnerschaft von seinem Vater erhalten hat, dem Anfangsvermögen hinzugerechnet. Infolgedessen hat L ein Anfangsvermögen von 10.000 €, sodass er einen **Zugewinn i.H.v. 10.000 €** erzielt hat.

3. Die **Differenz** der beiden Zugewinne beläuft sich daher auf **350.000 €**.

4. Gemäß § 6 S. 2 LPartG i.V.m. § 1378 Abs. 1 steht dem L, der einen geringeren Zugewinn erzielt hat, eine **Ausgleichsforderung** in Höhe der Hälfte der Differenz zu, also **i.H.v. 175.000 €**.

II. Gemäß § 6 S. 2 LPartG i.V.m.§ 1371 Abs. 3 steht dem Lebenspartner, der die Erbschaft ausgeschlagen hat, neben dem Zugewinn ein **Pflichtteilsanspruch** zu.

1. Die **Pflichtteilsquote** beträgt gemäß § 10 Abs. 6 S. 2 LPartG i.V.m. § 2303 Abs. 1 S. 2 die Hälfte des gesetzlichen Erbteils.

Anm.: Der Lebenspartner erhält bei güterrechtlicher Lösung bereits konkreten Zugewinn, daher bestimmt § 6 S. 2 LPartG i.V.m. § 1371 Abs. 2 a.E, dass pauschaler Zugewinnausgleich nicht auch noch eingreift.

Der gesetzliche Erbteil des L beträgt gemäß § 10 Abs. 1 S. 1 LPartG 1/4 (s.o.). Die Erhöhung gemäß § 6 S. 2 LPartG i.V.m. § 1371 Abs. 1 ist bei der Berechnung des Pflichtteils im Rahmen des § 6 S. 2 LPartG i.V.m. § 1371 Abs. 3 nicht zu berücksichtigen, vgl. § 6 S. 2 LPartG i.V.m. § 1371 Abs. 2 a.E. Also beträgt die Pflichtteilsquote des L die Hälfte des sich aus § 10 Abs. 1 S. 1 LPartG ergebenden Erbteils i.H.v. 1/4, also 1/8.

2. Bei der **Berechnung der Höhe des Pflichtteilsanspruchs** ist der Bestand und der Wert des Nachlasses zur Zeit des Erbfalls zugrunde zu legen, vgl. § 2311. Der Bestand des Nachlasses ergibt sich aus einem Vergleich der im Zeitpunkt des Erbfalls vorhandenen Aktiva und Passiva.

Ansonsten würden die 175.000 € doppelt berücksichtigt.

An Aktiva sind im vorliegenden Fall 360.000 € vorhanden. Davon ist der Zugewinnausgleichsanspruch des L i.H.v. 175.000 € als Erbfallschuld abzuziehen, sodass sich Nachlasswert von 185.000 € (360.000 € – 175.000 €) ergibt.

Also beträgt der Pflichtteilsanspruch des L 1/8 von 185.000 €, somit 23.125 €.

III. Ergebnis der güterrechtlichen Lösung

Bei der güterrechtlichen Lösung erhielte der L demnach 175.000 € als Zugewinnausgleichsforderung sowie 23.125 € als Pflichtteilsanspruch, daher insgesamt 198.125 €.

C. Gesamtergebnis

Die güterrechtliche Lösung ist daher bei rein wertmäßiger Betrachtung für L günstiger, da ihm bei der erbrechtlichen Lösung lediglich insgesamt 185.000 € zufließen.

2. Teil: Verfügungen von Todes wegen

1. Testament

Fall 8: Testierwille und Testierfähigkeit

Für den verwitweten E ist wegen einer psychischen Erkrankung für die Vornahme sämtlicher Geschäfte ein Betreuer, der B, bestellt worden. Ein entsprechender Einwilligungsvorbehalt wurde ebenfalls vom zuständigen Betreuungsgericht angeordnet.

Nach reiflicher Überlegung schreibt E, der sich mit seinem einzigen Sohn S überworfen hat, ohne mit B darüber zu sprechen, seinem besten Freund F im Mai 2020 eine Postkarte, in der er diesen wegen ihrer jahrelangen guten Freundschaft zu seinem Alleinerben bestimmt. Die Karte hat E mit seinem Vornamen unterzeichnet.

Nach dem Tod des E im Januar 2023 streiten sich F und der S um den Nachlass. S ist der Ansicht, dass die Verfügung des E wegen der angeordneten Betreuung unwirksam ist und hält sich daher für den gesetzlichen Alleinerben.

Wer beerbt den E?

A. F könnte **gemäß §§ 1937, 1922** aufgrund der Verfügung in der Postkarte **testamentarischer Erbe** des E geworden sein.

I. Dazu muss die Postkarte zunächst eine wirksame testamentarische Verfügung zugunsten des F enthalten.

1. Die wirksame Errichtung eines Testaments erfordert zunächst, dass der Erblasser den ernstlichen Willen hat, rechtsverbindliche Anordnungen für die Zeit nach seinem Tod zu treffen – sogenannter **Testierwille**.

Der **Testierwille** ist der ernsthafte Wille des Erblassers, rechtsverbindliche Anordnungen für die Zeit nach seinem Tod zu treffen.

Es entspricht nicht den üblichen Gepflogenheiten, ein Testament in Form einer Postkarte zu errichten. Allerdings kann ein Testament grundsätzlich durch jedes beliebige Schriftstück errichtet werden. Jedoch sind an den Nachweis des Testierwillens höhere Anforderungen zu stellen, wenn die Form des Schriftstücks für die Errichtung eines Testaments unüblich ist.[8]

E hat die Anordnung in der Postkarte nach reiflicher Überlegung getroffen und wollte somit ernsthaft eine rechtsverbindliche Regelung für die Zeit nach seinem Tod treffen. Infolgedessen lag der erforderliche Testierwille vor.

Beachte: Der Testierwille ist in einer Klausur nur zu prüfen, wenn der Sachverhalt Anlass für Zweifel bietet.

2. Ferner muss der Erblasser im Zeitpunkt der Errichtung über die erforderliche Einsichtsfähigkeit verfügen, also **testierfähig** sein.

Testierfähigkeit setzt die Vorstellung des Erblassers voraus, dass er ein Testament errichtet und welchen Inhalt die darin enthaltenen letztwilligen Verfügungen aufweisen. Er muss in der Lage sein, sich ein klares Urteil darüber zu bilden, welche Bedeutung seine Anordnungen haben.

Testierfähigkeit ist die Fähigkeit einer Person, ein wirksames Testament zu errichten.

8 BayObLG NJW-RR 1999, 88.

Volljährige sind grundsätzlich testierfähig, es sein denn, sie sind wegen krankhafter Störung der Geistestätigkeit, wegen Geistesschwäche oder wegen Bewusstseinsstörung nicht in der Lage, die Bedeutung einer von ihnen abgegebenen Willenserklärung einzusehen und nach dieser Einsicht zu handeln, vgl. § 2229 Abs. 4.

E könnte wegen der angeordneten Betreuung samt Einwilligungsvorbehalt die Testierfähigkeit fehlen.

Das Bestehen eines Betreuungsverhältnisses gemäß § 1814 lässt die Testierfähigkeit jedoch nicht automatisch entfallen. Dies beweist insbesondere die Regelung des § 1825 Abs. 2, nach der ein Einwilligungsvorbehalt sich nicht auf Verfügungen von Todes wegen erstreckt.

Auch bei einem Betreuten ist daher zunächst von dessen Testierfähigkeit auszugehen und der Maßstab des § 2229 Abs. 4 anzuwenden.

E hat die Verfügung in der Postkarte zugunsten des F nach reiflicher Überlegung getroffen. Es ist nicht ersichtlich, dass er zu diesem Zeitpunkt nicht in der Lage war, die Bedeutung seiner Erklärung zu überblicken. Folglich war E bei der Errichtung des Testaments testierfähig.

3. Der **Inhalt** der testamentarischen Anordnung des E ist eindeutig auf die Einsetzung des F zum Alleinerben gerichtet, sodass die Erklärung keiner Auslegung bedarf.

4. Ferner dürfen **keine Unwirksamkeits- oder Nichtigkeitsgründe** eingreifen.

Die Anordnung des E könnte gemäß § 138 sittenwidrig sein, weil er durch die Einsetzung des F zum Alleinerben seinen einzigen Sohn S enterbt hat.

Testierfreiheit ist das Recht des Erblassers, durch Verfügungen von Todes wegen das Schicksal seines Vermögens nach seinem Tod frei zu bestimmen.

Die Testierfreiheit gewährt dem Erblasser jedoch das Recht, seine Verfügungen von Todes wegen grundsätzlich beliebig zu gestalten. Dazu gehört auch die Befugnis, Personen von der gesetzlichen Erbfolge auszuschließen, vgl. § 1938. Dass der Erblasser auch das Recht hat, seine Abkömmlinge von der Erbfolge auszuschließen, zeigt die Regelung des Pflichtteilsrechts in § 2303, wonach den Abkömmlingen im Fall ihrer Enterbung ein Pflichtteilsanspruch gegen den Erben eingeräumt wird.

Die Verfügung des E zugunsten des F ist daher nicht sittenwidrig gemäß § 138.

5. Die wirksame Testamentserrichtung erfordert schließlich noch die **Einhaltung der im Gesetz vorgesehenen Formvorschriften**.

Die Postkarte könnte der Form des privatschriftlichen Testaments gemäß § 2247 entsprechen.

§ 2247 Abs. 1 verlangt **zwingend**:

- Eigenhändigkeit
- Handschriftlichkeit
- Unterschrift

§ 2247 Abs. 1 verlangt zwingend eine eigenhändige, handschriftliche und unterschriebene Erklärung des Erblassers.

E hat die Postkarte eigenhändig und handschriftlich errichtet. Er hat die Erklärung jedoch nur mit seinem Vornamen unterzeichnet.

Gemäß § 2247 Abs. 3 S. 1 soll die Unterschrift des Erblassers seinen Vor- und Familiennamen enthalten. Jede andere Art der Unterzeichnung reicht jedoch gemäß § 2247 Abs. 3 S. 2 aus, wenn sich daraus die Urheberschaft des Erblassers feststellen lässt und sich keine Zweifel an der Ernstlichkeit seiner Erklärung ergeben.

Die Unterzeichnung mit dem Vornamen des E ist ausreichend, um seine Urheberschaft festzustellen, da sich aus den Umständen – Bezugnahme auf die jahrelange Freundschaft mit F – ergibt, um wen es sich handelt. Zweifel an der Ernstlichkeit der Erklärung ergeben sich bei einer Unterschrift nur mit dem Vornamen nicht, da es durchaus üblich ist, eine Postkarte lediglich mit dem Vornamen zu unterzeichnen.

Daher entspricht die Postkarte der Form des § 2247, sodass E ein wirksames Testament errichtet hat.

II. E hat die Verfügung zugunsten des F auch **nicht nachträglich beseitigt**, sodass F testamentarischer Alleinerbe des E gemäß §§ 1937, 1922 geworden ist.

B. Erbrecht des S

S ist aufgrund des Testaments des E wirksam enterbt worden, vgl. § 1938. Ihm steht daher keine Erbenstellung zu.

Er hat jedoch als enterbter Abkömmling gemäß § 2303 Abs. 1 einen Pflichtteilsanspruch in Höhe der Hälfte des gesetzlichen Erbteils.

Als einziger Abkömmling des verwitweten E wäre er bei gesetzlicher Erbfolge Alleinerbe geworden, sodass ihm gemäß § 2303 Abs. 1 S. 2 gegen F ein auf Geldzahlung gerichteter Pflichtteilsanspruch in Höhe der Hälfte des Nachlasswertes zusteht.

Fall 9: Grundsatz der Höchstpersönlichkeit

Der verwitwete E betreibt ein Unternehmen, in dem Dosen für die Verpackung von Lebensmitteln hergestellt werden. Seine Tochter T, die ursprünglich ein Lehramtsstudium aufgenommen hatte, studiert mittlerweile BWL, während sein Sohn S nach abgebrochener Schlosserlehre ein Maschinenbaustudium aufgenommen hat. Da E befürchtet, das Ausbildungsende seiner beiden Kinder nicht mehr mitzuerleben, errichtet er ein formgerechtes Testament mit folgendem Inhalt:

„Mein langjähriger und immer zuverlässiger Prokurist P soll nach meinem Tod dasjenige meiner Kinder zu meinem Erben bestimmen, welches er nach Art und Qualität der abgeschlossenen Ausbildung für am besten geeignet hält, mein Unternehmen fortzuführen."

Nach dem Tod des E im Mai 2023 und nachdem beide Kinder mittlerweile ihr Studium beendet haben, bestimmt P die Tochter T zur Erbin des E, da er sie aufgrund ihrer betriebswirtschaftlichen Ausbildung für die Unternehmensleitung für besser geeignet hält als den S.

S ist empört, da er sich wegen seines Maschinenbaustudiums für fachlich geeigneter hält und er zudem eine viel bessere Abschlussnote als seine Schwester erzielt habe.

Wer beerbt den E?

A. T könnte aufgrund der Bestimmung des P **testamentarische Erbin** des E **gemäß §§ 1937, 1922** geworden sein.

Dazu muss E ein wirksames Testament zugunsten der T errichtet haben.

I. Von der **Testierfähigkeit** des E gemäß § 2229 Abs. 1 zum Zeitpunkt der Testamentserrichtung ist mangels gegenteiliger Anhaltspunkte im Sachverhalt auszugehen.

II. E hat seinem langjährigen Prokuristen P das Recht eingeräumt, nach dem Tod des E dasjenige seiner Kinder zum Erben zu bestimmen, welches P nach der Ausbildung für am besten geeignet hält. Also hat E dem P nach dem **Inhalt** des Testaments eindeutig ein Bestimmungsrecht zugebilligt.

Grundsatz der Höchstpersönlichkeit: Erblasser darf sich weder bei Abgabe der Erklärung, noch im Willen vertreten lassen, §§ 2064, 2065.

III. Die vom Erblasser getroffenen Anordnungen müssen **wirksam** sein. Insbesondere muss er das Testament höchstpersönlich errichten, §§ 2064, 2065; d.h. er darf sich weder bei Abgabe der Erklärung, noch im Willen vertreten lassen **(Grundsatz der Höchstpersönlichkeit)**.

Gemäß § 2065 Abs. 2 darf der Erblasser die Bestimmung der Person, die eine Zuwendung erhalten soll, nicht einem Dritten überlassen.

E könnte diese Regelung dadurch verletzt haben, dass er die Bestimmung des Erben dem P überlassen hat.

Beachte: Kein Verstoß gegen § 2065 Abs. 2, wenn Dritter den Erben aufgrund objektiver Kriterien bezeichnen soll.

§ 2065 Abs. 2 will nur verhindern, dass der Erblasser sich im Willen vertreten lässt. Folglich ist es nach dem Grundsatz der Höchstpersönlichkeit nicht prinzipiell verboten, dass der Erblasser sich zur Bestimmung des Erben eines Dritten bedient. Maßgeblich ist vielmehr, ob der Erblasser eine eigene Entscheidung getroffen hat.

Zulässig ist es daher, wenn der Erblasser einem Dritten die *Bezeichnung* des Erben anhand objektiver Kriterien überträgt, während es unzulässig ist, dem Dritten die Bestimmung des Erben nach freiem Ermessen zu übertragen.

E hat dem P zur Bestimmung des Erben kein freies Ermessen eingeräumt, sondern ihm gewisse Kriterien vorgegeben: So soll P den Erben aus einem bestimmten Personenkreis auswählen – S und T – und sich bei der Auswahl danach richten, wen er von den beiden nach Art und Qualität der Ausbildung für die Unternehmensfortführung für am besten geeignet hält.

Problematisch ist, dass es sich bei den von E gewählten Kriterien nicht um objektive Vorgaben handelt, bei denen der Dritte den Willen des Erblassers ohne eigenen Entscheidungsspielraum umsetzt, sondern dass P die Vorgaben des E nach seinen eigenen subjektiven Anschauungen umsetzen muss.

Wen P nach Art und Qualität der Ausbildung für die Unternehmensnachfolge für am besten geeignet hält, ist eine Wertungsfrage, die man unterschiedlich beurteilen kann. Allein bei der Art der Ausbildung von S und T kann man geteilter Auffassung sein, welches Studium für die Unternehmensfortführung bessere Grundlagen geschaffen hat. Das Maschinenbaustudium des S entspricht der fachlichen Ausrichtung des Betriebs, während T durch ihr BWL-Studium die wirtschaftliche Seite der Unternehmensführung sicherlich besser beherrscht. Auch bei der Qualität der Ausbildung kann man entweder auf die Abschlussnote abstellen oder auch hier den Inhalt des Studiums als Maßstab nehmen.

Ob der Grundsatz der Höchstpersönlichkeit verletzt ist, wenn der Erblasser dem Dritten zwar Kriterien zur Bestimmung des Erben vorgibt, der Dritte dabei jedoch einen Ermessensspielraum hat, wird unterschiedlich beurteilt.

Problem: Str., ob § 2065 Abs. 2 verletzt ist, wenn Dritter einen gewissen Ermessensspielraum bei der Erbenbestimmung hat.

1. Nach dem **BGH**[9] und einem **Teil der Literatur**[10] ist in einem solchen Fall eine Verletzung des § 2065 Abs. 2 gegeben, da der Erblasser nicht nur die Bezeichnung des Erben dem Dritten überlässt, sondern ihm vielmehr dessen Bestimmung überträgt, sodass der Dritte und nicht der Erblasser die eigentliche Entscheidung über die Erbfolge trifft.

2. Nach **anderer Ansicht**[11] liegt kein Verstoß gegen den Grundsatz der Höchstpersönlichkeit vor, da der Erblasser wegen der vorgegebenen Kriterien im Grundsatz schon eine eigene Entscheidung getroffen habe, sodass keine willkürliche Entscheidung des Dritten gegeben sei.

3. Stellungnahme: Der Gesetzgeber bringt in §§ 2064, 2065 deutlich zum Ausdruck, dass der Erblasser, wenn er durch testamentarische Anordnungen von der gesetzlichen Erbfolge abweichen möchte, eine eigene Entscheidung treffen soll. Dieser gesetzgeberischen Vorgabe wird man nicht mehr gerecht, wenn man einen Ermessensspielraum des Dritten akzeptiert. Zudem ist ein solcher Ermessensspielraum des Dritten auch mit

---

9 BGHZ 15, 199.

10 Röthel § 16 Rn. 16.

11 RGZ 159, 296, 299; Brox/Walker, Erbrecht, § 9 Rn. 9; Leipold, Erbrecht, Rn. 284.

Rechtsunsicherheiten verbunden, da es im Einzelfall schwierig sein kann, festzulegen, welche Kriterien sein Ermessen noch ausreichend begrenzen und ab wann unzulässiges freies Ermessen vorliegt.

Infolgedessen ist der erstgenannten Auffassung zu folgen, sodass die Verfügung des E gegen § 2065 Abs. 2 verstößt und daher nichtig ist.

T ist somit aufgrund der Bestimmung des P nicht testamentarische Erbin des E gemäß §§ 1937, 1922 geworden.

B. S und T könnten **gemäß §§ 1924 ff. gesetzliche Erben** des E geworden sein.

Mangels eines wirksamen Testaments ist E nach der gesetzlichen Erbfolge gemäß §§ 1924 ff. beerbt worden.

S und T sind als Abkömmlinge des Erblassers gemäß § 1924 Abs. 1 gesetzliche Erben erster Ordnung und erben daher gemäß § 1924 Abs. 4 zu je 1/2.

Zusatzfrage:

Wie hätte E sein Testament gestalten müssen, um dem P ein wirksames Bestimmungsrecht für die Unternehmensnachfolge einzuräumen?

Beachte: Beim Vermächtnis kann der Erblasser einen Dritten den Bedachten aus einem von ihm bezeichneten Personenkreis bestimmen lassen, §§ 2151, 2152.

Gemäß §§ 2151, 2152 kann der Erblasser beim Vermächtnis bestimmen, dass ein Dritter den Bedachten aus einem vom Erblasser bezeichneten Personenkreis auswählt.

E hätte daher seine Kinder S und T im Testament zu Erben einsetzen und eine Vermächtnisanordnung treffen können, dass der von P nach Art und Qualität der Ausbildung zu bestimmende Abkömmling einen Anspruch auf die Übertragung des Betriebs erhält.

Fall 10: Wirksamkeit eines Testaments – § 134

F lebt seit einigen Jahren in einem Altersheim. Ihr Mann ist bereits vor Jahren verstorben und ihre Töchter A und B besuchen sie nur sehr unregelmäßig. Da F zu ihrem Pfleger P ein sehr gutes Verhältnis hat, setzt sie ihn in einem formgerecht errichteten Testament zu ihrem Alleinerben ein.

Nachdem die F Anfang 2023 verstorben ist, streiten P und die Töchter der F um den Nachlass.

Wie ist die Rechtslage, wenn P von der Erbeinsetzung durch Mitteilung seitens F gewusst hat?

A. P könnte **testamentarischer Alleinerbe** der F **gemäß §§ 1937, 1922** geworden sein.

Dazu muss F ein wirksames Testament zugunsten des P errichtet haben.

I. Mangels gegenteiliger Angaben im Sachverhalt ist von der **Testierfähigkeit** der F auszugehen.

II. Der **Inhalt** der testamentarischen Anordnung der F ist eindeutig auf die Erbeinsetzung ihres Pflegers P gerichtet, sodass die Erklärung keiner Auslegung bedarf.

III. Die vom Erblasser getroffenen Anordnungen müssen **wirksam** sein. Eine vom Erblasser im Testament abgegebene Willenserklärung ist gemäß § 134 nichtig, wenn sie gegen ein gesetzliches Verbot verstößt.

Die Erbeinsetzung des P im Testament der F könnte **gemäß § 134 i.V.m. § 14 HeimG** nichtig sein.

Nach § 14 HeimG ist es dem Träger, dem Leiter, den Beschäftigten sowie sonstigen Mitarbeitern eines Heims untersagt, sich von oder zugunsten von Bewohnern Geld oder geldwerte Leistungen über das vereinbarte Entgelt hinaus versprechen oder gewähren zu lassen.

Es ist umstritten, ob aufgrund dieser Regelung auch Verfügungen von Todes wegen, durch die der Heimbewohner eine in § 14 HeimG genannte Person bedenkt, gemäß § 134 nichtig sind.

Sinn des § 14 HeimG:
- Verhinderung der Ausnutzung der Arg- und Hilflosigkeit der Heimbewohner
- unterschiedliche Vermögensverhältnisse der Heimbewohner sollen nicht zur unterschiedlichen Behandlung führen

1. Nach überwiegender Auffassung[12] sind testamentarische Anordnungen des Heimbewohners zugunsten des Heimträgers oder sonstiger in § 14 HeimG genannten Personen gemäß § 134 i.V.m. § 14 HeimG nichtig, wenn die testamentarische Einsetzung dem Bedachten bereits zu Lebzeiten des Heimbewohners bekannt war und der Heimbewohner dies ebenfalls wusste.

Dies sei erforderlich, um die Testierfreiheit der Heimbewohner zu gewährleisten. § 14 HeimG solle verhindern, dass die Hilf- und Arglosigkeit alter und pflegebedürftiger Menschen ausgenutzt werde. Wäre es zulässig, dass Heimbewohner zugunsten des Heims oder des dort tätigen Personals testieren, könnte auf die Heimbewohner faktisch Druck ausgeübt werden, damit sie eine solche Verfügung errichten. Auch könnte eine unterschiedliche

12 BayObLG Rpfleger 2004, 699, 700; OLG München NJW 2006, 2642.

Behandlung der Heimbewohner je nach ihren Vermögensverhältnissen die Folge sein.

Da P von der Erbeinsetzung durch die F zu deren Lebzeiten gewusst hat und der F dies auch bekannt war, ist die testamentarische Verfügung der F nach h.M. gemäß § 134 i.V.m. § 14 HeimG nichtig.

2. Nach der Gegenauffassung[13] sind testamentarische Anordnungen des Heimbewohners zugunsten des Heimträgers oder sonstiger in § 14 HeimG genannten Personen nicht gemäß § 134 i.V.m. § 14 HeimG nichtig. Zur Begründung wird angeführt, dass schon der Wortlaut des § 14 HeimG testamentarische Erbeinsetzungen nicht erfasse. Zudem schränke die h.M. die Testierfreiheit der Heimbewohner in unzulässiger Weise ein und verstoße daher gegen Art. 14 Abs. 1 GG. Schließlich bestehe auch keine Gefahr der Ausnutzung der Hilf- und Arglosigkeit der Heimbewohner, da der Erblasser jederzeit in der Lage sei, sein Testament zu widerrufen, §§ 2253 ff.

Demnach ist die Verfügung der F zugunsten des P nicht gemäß § 134 i.V.m. § 14 HeimG nichtig.

3. Stellungnahme: Der Gegenauffassung ist zuzugestehen, dass die h.M. die Testierfreiheit der Heimbewohner einschränkt. Die Testierfreiheit ist jedoch eine Ausprägung der Privatautonomie und § 134 stellt gerade eine Schranke der Privatautonomie dar. Daher greift der bloße Einwand, die Testierfreiheit werde eingeschränkt, zu kurz, sondern es muss vielmehr darauf abgestellt werden, ob die zu beurteilende Situation vom Sinn und Zweck der Verbotsnorm erfasst wird.

Es lässt sich im Nachhinein ausgesprochen schwer feststellen, ob eine Verfügung eines Heimbewohners zugunsten des Heims oder der dort tätigen Beschäftigten auf Druck des Personals errichtet worden ist oder ob es sich um eine freie Entscheidung des Heimbewohners handelt. Allein die Gefahr, dass es bei Zulässigkeit derartiger Verfügungen zu Drucksituationen für die Heimbewohner kommen könnte, spricht dafür, solche Verfügungen von vornherein als unzulässig zu bewerten. So wird am besten verhindert, dass die Arg- und Hilflosigkeit alter und pflegebedürftiger Menschen evtl. ausgenutzt wird.

Infolgedessen ist die Erbeinsetzung des P gemäß § 134 i.V.m. § 14 HeimG nichtig, sodass P nicht testamentarischer Alleinerbe der F gemäß §§ 1937, 1922 geworden ist.

B. A und B könnten **gemäß §§ 1924 ff. gesetzliche Erben** der F geworden sein.

Mangels eines wirksamen Testaments ist F nach der gesetzlichen Erbfolge gemäß §§ 1924 ff. beerbt worden.

A und B sind als Abkömmlinge der Erblasserin gemäß § 1924 Abs. 1 gesetzliche Erben erster Ordnung und erben daher gemäß § 1924 Abs. 4 zu je 1/2.

---

13 Leipold Rn. 242.

Fall 11: Geliebtentestament – § 138

M und F sind seit 2003 verheiratet. F fühlt sich im Laufe der Jahre immer mehr von ihrem Mann vernachlässigt und geht daher 2021 eine sexuelle Beziehung zu dem 20 Jahre jüngeren G ein. Als dieser die Beziehung im April 2021 beenden möchte, errichtet F ein formwirksames Testament zugunsten des G, um ihn zur Fortsetzung der Beziehung zu bewegen. G hält daraufhin die Beziehung aufrecht.

Nachdem F bei einem Verkehrsunfall im Februar 2023 verstorben ist, streiten M und G um den Nachlass. Verwandte der F sind nicht vorhanden.

Wer beerbt die F?

A. G könnte **testamentarischer Alleinerbe** der F **gemäß §§ 1937, 1922** geworden sein.

Dazu muss F ein wirksames Testament zugunsten des G errichtet haben.

I. Mangels gegenteiliger Angaben im Sachverhalt ist von der **Testierfähigkeit** der F auszugehen.

II. Der **Inhalt** der testamentarischen Anordnung der F ist auf die Erbeinsetzung ihres Geliebten G gerichtet, sodass die Erklärung keiner Auslegung bedarf.

III. Die vom Erblasser getroffenen Anordnungen müssen **wirksam** sein. Eine vom Erblasser im Testament abgegebene Willenserklärung ist gemäß § 138 Abs. 1 nichtig, wenn sie sittenwidrig ist.

Ein Rechtsgeschäft ist sittenwidrig, wenn es gegen das Anstandsgefühl aller billig und gerecht Denkenden verstößt.[14] Die Sittenwidrigkeit einer testamentarischen Verfügung kann sich daraus ergeben, dass der Inhalt, die Art und Weise des Zustandekommens oder der verfolgte Zweck sittlich anstößig ist.

F hat ihren Geliebten zum Alleinerben bestimmt, um ihn zur Fortsetzung der sexuellen Beziehung zu veranlassen. Daher könnte die Verfügung der F gemäß § 138 Abs. 1 wegen der Art des Zustandekommens sittenwidrig sein.

Nach heute allgemeiner Ansicht begründet allein die Tatsache, dass zwischen dem Bedachten und der Erblasserin eine außereheliche Beziehung bestanden hat, noch nicht die Sittenwidrigkeit der Verfügung. Dabei kommt es auch grundsätzlich nicht darauf an, ob der Bedachte oder der Erblasser verheiratet ist.

Umstritten ist jedoch, ob die Erbeinsetzung des Geliebten sittenwidrig ist, wenn die Erblasserin dadurch erreichen will, dass der Geliebte mit ihr die sexuelle Beziehung aufnimmt oder fortsetzt – wenn also die „Hergabe" der Erbeinsetzung für die „Hingabe" erfolgt.

---

14 BGHZ 10, 232.

Merke: Ein Geliebtentestament ist nach st.Rspr. sittenwidrig, wenn die **Hergabe für die Hingabe** erfolgt.

1. Nach h.M. und st.Rspr. verstößt die Verfügung in diesen Fällen gegen das Anstandsgefühl aller billig und gerecht Denkenden und ist daher sittenwidrig.[15]

F hat den G zum Alleinerben bestimmt, um ihn davon abzuhalten, die Beziehung zu beenden. Die Erbeinsetzung sollte daher eine Belohnung der sexuellen Beziehung darstellen und ist daher nach h.M. gemäß § 138 Abs. 1 wegen Sittenwidrigkeit nichtig.

2. Nach **a.A.** kann nach dem Inkrafttreten des § 1 ProstitutionsG zum 01.01.2002, der dem Anspruch auf eine vertraglich vereinbarte Vergütung für gewerbsmäßig erbrachte sexuelle Dienstleistungen die rechtliche Durchsetzbarkeit verliehen hat, auch Verfügungen von Todes wegen, die ausschließlich dem Zweck dienen, eine Gegenleistung für sexuelle Dienste zu gewähren, nicht mehr der Vorwurf der Sittenwidrigkeit gemacht werden.[16]

3. Stellungnahme: Der Gesetzgeber wollte durch das Prostitutionsgesetz lediglich die soziale und rechtliche Stellung der Prostituierten verbessern.[17] Demnach kann aus dieser Regelung nicht der Schluss gezogen werden, dass die rechtliche Wirksamkeit der Geliebtentestamente neu zu bewerten ist.

Die Verfügung der F verstößt somit gegen das Anstandsgefühl aller billig und gerecht Denkenden und ist daher sittenwidrig, sodass G nicht testamentarischer Alleinerbe der F gemäß §§ 1937, 1922 geworden ist.

B. M könnte **gemäß § 1931 Abs. 2 gesetzlicher Alleinerbe** der F geworden sein.

Mangels eines wirksamen Testaments ist F nach der gesetzlichen Erbfolge gemäß §§ 1924 ff. beerbt worden.

Verwandte der F sind nicht vorhanden, sodass M gemäß § 1931 Abs. 2 gesetzlicher Alleinerbe der F ist.

---

15 BGHZ 53, 369, 376.

16 Leipold Rn. 246.

17 MünchKomm/Armbrüster, Anh. zu § 138 (ProstG § 1) Rn. 1.

Fall 12: Testamentsform – notarielles Testament

Der von Geburt an stumme E verlor nach einem Unfall, bei dem seine Frau ums Leben kam, im Alter von 73 Jahren seine Sehkraft auf beiden Augen. Er beherrscht die Gebärdensprache, weigerte sich aber aufgrund seines fortgeschrittenen Alters, die Blindenschrift zu erlernen.

Am 15.02.2020 begab sich E in Begleitung seines langjährigen Kegelbruders K und dem befreundeten Gebärdendolmetscher G zum Notar. Diesem gegenüber erklärte er durch Gebärden, die G dem Notar übersetzte, dass er seinen Neffen N zum Alleinerben einsetzen wolle und sein einziger Sohn S nichts von seinem Vermögen erhalten solle.

Der Notar fertigte über die Erklärung des E eine Niederschrift an, die er selbst unterzeichnete, und ließ diese auch von K und G unterschreiben.

E verstarb im Januar 2023.

Neffe N möchte wissen, ob er aufgrund der notariellen Erklärung vom 15.02.2020 Erbe des E geworden ist.

N ist aufgrund der notariellen Erklärung des E vom 15.02.2020 **testamentarischer Erbe** des E **gemäß §§ 1937, 1922** geworden, wenn die Erklärung ein wirksames Testament zugunsten des N darstellt und diese Verfügung nicht nachträglich beseitigt worden ist.

I. Die Verfügung vom 15.02.2020 muss ein **wirksames Testament zugunsten des N** sein.

1. E war zum Zeitpunkt der Testamentserrichtung am 15.02.2020 i.S.v. § 2229 **testierfähig**.

2. E hat klar zum Ausdruck gebracht, dass er seinen Neffen N zum Alleinerben einsetzen und seinen Sohn S enterben möchte, sodass der **Inhalt** der Erklärung keiner Auslegung bedarf.

3. Es greifen auch **weder Unwirksamkeits- noch Nichtigkeitsgründe** ein, sodass die Verfügung wirksam ist.

4. Eine wirksame Testamentserrichtung erfordert jedoch auch die **Einhaltung der im Gesetz vorgesehenen Formvorschriften**.

Die Erklärung vom 15.02.2020 könnte der Form des **öffentlichen Testaments gemäß § 2232** entsprechen.

Nach dieser Regelung kann ein öffentliches Testament zur Niederschrift eines Notars u.a. errichtet werden, indem der Erblasser dem Notar seinen letzten Willen erklärt.

E konnte sich jedoch lediglich durch die Gebärdensprache verständigen, sodass problematisch erscheint, ob E eine für § 2232 ausreichende Erklärung gegenüber dem Notar abgegeben hat.

Beachte: § 2232 verlangt keine mündliche Erklärung gegenüber dem Notar; ausreichend ist jede Äußerung des Erblassers, die seinen letzten Willen erkennen lässt.

Die Regelung des § 2232 verlangt seit dem 01.08.2002 keine mündliche Erklärung mehr gegenüber dem Notar, sondern ausreichend ist jede Äußerung des Erblassers, die seinen letzten Willen erkennen lässt; d.h. auch stillschweigende, schlüssige, konkludente Willenserklärungen durch Gebärden, Zeichen oder allgemein nicht verständliche Laute genügen den Anforderungen des § 2232.

Infolgedessen steht die Tatsache, dass E seine Erklärung mittels Gebärdensprache gegenüber dem Notar abgegeben hat, der Formwirksamkeit gemäß § 2232 nicht entgegen.

Möglicherweise sind jedoch wegen der Behinderung des E weitere Formerfordernisse zu beachten.

Aus Gründen der Rechtssicherheit soll der Notar bei der Beurkundung der Erklärung eines Erblassers, der nicht zu sprechen vermag, gemäß § 22 Abs. 1 BeurkG einen Zeugen oder zweiten Notar hinzuziehen.

Beachte: Bei einem behinderten Erblasser gelten zusätzlich die §§ 22 ff. BeurkG.

Ferner muss der Notar bei der Beurkundung der Erklärung eines Erblassers, der nicht sprechen und sich auch nicht schriftlich verständigen kann, gemäß § 24 Abs. 1 BeurkG eine Person hinzuziehen, die sich mit dem behinderten Beteiligten verständigen kann und mit deren Hinzuziehung dieser einverstanden ist. Das Erfordernis, nach § 22 BeurkG einen Zeugen oder zweiten Notar hinzuzuziehen, wird davon nicht berührt, vgl. § 24 Abs. 3 BeurkG.

Da E als Stummer nicht sprechen konnte und wegen fehlender Beherrschung der Blindenschrift auch nicht in der Lage war, sich schriftlich zu verständigen, musste der Notar bei der Beurkundung einen Zeugen und eine Vertrauensperson, die sich mit E verständigen konnte und mit deren Hinzuziehung er einverstanden war, hinzuziehen.

Diese Erfordernisse sind jedoch gewahrt, da der Kegelbruder K als Zeuge zugegen war und der Gebärdendolmetscher G als Vertrauensperson i.S.d. § 24 BeurkG fungierte.

Folglich sind die weiteren Formerfordernisse der §§ 22 ff. BeurkG erfüllt, sodass E am 15.02.2020 ein formwirksames öffentliches Testament errichtet hat.

II. Diese Verfügung ist auch **nicht nachträglich beseitigt worden**.

Neffe N ist daher aufgrund der Verfügung vom 15.02.2020 gemäß §§ 1937, 1922 testamentarischer Alleinerbe des E geworden.

Anmerkung:

Sohn S ist aufgrund des Testaments des E wirksam enterbt worden, vgl. § 1938. Ihm steht daher keine Erbenstellung zu.

Er hat jedoch als enterbter Abkömmling gemäß § 2303 Abs. 1 einen Pflichtteilsanspruch in Höhe der Hälfte des gesetzlichen Erbteils.

Als einziger Abkömmling des verwitweten E wäre er bei gesetzlicher Erbfolge Alleinerbe geworden, sodass ihm gemäß § 2303 Abs. 1 S. 2 gegen N ein auf Geldzahlung gerichteter Pflichtteilsanspruch in Höhe der Hälfte des Nachlasswertes zusteht.

Fall 13: Testamentsform – eigenhändiges Testament (1)

Der schwerkranke Hubert Müller (M) wollte seine Vermögensnachfolge regeln. Da er aufgrund der langen Krankheit zu geschwächt war, um den Text allein zu schreiben, bat er seinen Freund K, ihm die Hand zu stützen. Auf diese Weise verfasste M mithilfe des K folgenden Text:

„Mein letzter Wille:

Meine geliebte Ehefrau F soll mein gesamtes Vermögen erhalten. Unsere Kinder A, B und C haben von uns eine gute Ausbildung finanziert bekommen und erhalten daher nichts.

Hubert Müller

P.S.: Meine Schmetterlingssammlung soll mein Vereinskamerad V erhalten, da er sie in Ehren halten wird."

Nach dem Tod des M streiten F und die Kinder A, B, C um die Verteilung des Nachlasses. Die Kinder halten das Testament des M wegen der Mitwirkung des K für unwirksam.

Wie ist die Rechtslage?

A. Die Ehefrau F könnte **testamentarische Alleinerbin** des M gemäß **§§ 1937, 1922** geworden sein.

I. Dazu muss M zunächst ein **wirksames Testament zugunsten der F errichtet** haben.

1. M war zum Zeitpunkt der Testamentserrichtung **testierfähig** i.S.v. § 2229.

2. M hat eindeutig zum Ausdruck gebracht, dass er seine Ehefrau F zur Alleinerbin einsetzen und seine Kinder enterben möchte, sodass der **Inhalt** der Erklärung keiner Auslegung bedarf.

3. Es greifen auch **weder Unwirksamkeits- noch Nichtigkeitsgründe** ein, sodass die Verfügung wirksam ist.

4. Die wirksame Testamentserrichtung erfordert die **Einhaltung der im Gesetz vorgesehenen Formvorschriften**.

Das von M errichtete Schreiben könnte der Form des privatschriftlichen Testaments gemäß § 2247 entsprechen.

a) § 2247 verlangt **zwingend** eine eigenhändige, handschriftliche und unterschriebene Erklärung des Erblassers.

aa) M hat das Testament **handschriftlich** errichtet.

bb) Der Erblasser muss das Testament **eigenhändig** errichten, d.h. er muss den gesamten Wortlaut des Testaments selbst schreiben.

Das Erfordernis eigenhändiger Errichtung könnte wegen der von K geleisteten Unterstützung beim Schreibvorgang nicht eingehalten worden sein.

Bei der Beurteilung der Frage, inwieweit das Schreiben mit fremder Hilfe den Formerfordernissen des § 2247 entspricht, muss auf den Zweck des Erfordernisses „Eigenhändigkeit" abgestellt werden.

Der Gesetzgeber will damit zum einen sicherstellen, dass der Erblasser seine Erklärung zur Kenntnis nimmt **(Warnfunktion)**; in erster Linie geht es aber darum, durch die individuellen Merkmale, die die Handschrift eines jeden Menschen aufweist, ein Sicherungsmittel für die Echtheit des Testaments zu schaffen **(Beweisfunktion)**.[18]

Merke: Eigenhändigkeit und Schreibhilfe
- **Stützen** der Hand zulässig
- **Führen** der Hand unzulässig

Infolgedessen ist eine Schreibhilfe, bei der ein Dritter die Hand des Erblassers **führt** und somit die Schriftzüge von dem Dritten geformt werden, unzulässig, während eine **unterstützende** Schreibhilfe, bei der der Erblasser die Schriftzüge selbst formt und sie allein von seinem Willen getragen werden, den Grundsatz der eigenhändigen Errichtung wahrt.

K hat dem von der langen Krankheit geschwächten M die Hand beim Schreiben des Textes lediglich gestützt, sodass die Schriftzüge noch von M selbst geformt worden sind. Demzufolge hat M trotz der Schreibhilfe des K das Testament eigenhändig errichtet.

cc) Der Erblasser muss das Testament eigenhändig **unterschreiben**. Dabei soll die Unterschrift des Erblassers gemäß § 2247 Abs. 3 S. 1 seinen Vor- und Familiennamen enthalten. Jede andere Art der Unterzeichnung reicht jedoch gemäß § 2247 Abs. 3 S. 2 aus, wenn sich daraus die Urheberschaft des Erblassers feststellen lässt und sich keine Zweifel an der Ernstlichkeit seiner Erklärung ergeben.

M hat den oberen Teil des Testaments, der die Erbeinsetzung der F beinhaltet, mit Vor- und Nachnamen eigenhändig unterzeichnet.

Das unterhalb der Unterschrift befindliche Postskriptum, in welchem er eine Verfügung zugunsten seines Vereinskameraden V angeordnet hat, hat er nicht erneut unterschrieben. Infolgedessen könnte der PS-Teil des Testaments wegen fehlender Unterschrift formunwirksam sein.

Möglicherweise muss das Problem der eventuellen Formnichtigkeit des Postskriptums an dieser Stelle jedoch nicht geklärt werden. Dies hängt davon ab, wie sich die eventuelle Formnichtigkeit dieser Verfügung auf die Wirksamkeit der übrigen testamentarischen Verfügungen auswirken würde.

Beachte: Gemäß § 2085 führt Teilnichtigkeit bei testamentarischen Verfügungen im Zweifel nur zur Teilnichtigkeit.

Gemäß § 2085, der eine Spezialregelung zu § 139 darstellt, führt die Unwirksamkeit einer von mehreren in einem Testament enthaltenen Verfügungen nur zur Unwirksamkeit der übrigen Verfügungen, wenn anzunehmen ist, dass der Erblasser diese ohne die unwirksame Verfügung nicht getroffen haben würde. D.h. Teilnichtigkeit führt bei einem Testament im Zweifel auch nur zur Teilnichtigkeit und nicht zur Gesamtnichtigkeit.

Es ist nicht ersichtlich, dass M die Erbeinsetzung der F nur für den Fall gewollt hat, dass die Verfügung zugunsten des V wirksam ist.

Infolgedessen bleibt die Erbeinsetzung der F gemäß § 2085 auch wirksam, falls die im Postskriptum enthaltene Verfügung zugunsten des V wegen fehlender Unterschrift formunwirksam ist. Demnach bedarf die Frage der Formwirksamkeit des PS-Teils an dieser Stelle keiner abschließenden Beurteilung.

---

18 Grüneberg/Weidlich § 2247 Rn. 6.

Folglich sind die zwingenden Formvorschriften des § 2247 im Hinblick auf die Erbeinsetzung der F gewahrt.

b) Gemäß § 2247 Abs. 2 soll der Erblasser in dem Testament **Datum und Ort der Errichtung** angeben.

M hat sein Schreiben weder datiert noch enthält es eine Angabe über den Ort der Errichtung. Diese Angaben sind gemäß § 2247 Abs. 5 jedoch nur erheblich, wenn bzgl. des Testaments Gültigkeitszweifel bestehen, z.B. weil mehrere Testamente des Erblassers vorhanden sind.

Beachte: Datums- und Ortsangabe sind nur erheblich bei Gültigkeitszweifeln bzgl. des Testaments, § 2247 Abs. 5.

Derartige Gültigkeitszweifel bestehen nicht, sodass das Fehlen von Datums- und Ortsangabe die Formwirksamkeit unberührt lässt.

M hat daher im Hinblick auf die Erbeinsetzung der F ein wirksames Testament errichtet.

II. M hat die Erbeinsetzung seiner Ehefrau **nicht nachträglich beseitigt**, sodass F testamentarische Alleinerbin des M geworden ist.

B. V könnte **gemäß § 2174** gegen F ein schuldrechtlicher **Anspruch auf Herausgabe und Übereignung der Schmetterlingssammlung** zustehen.

Dazu muss M zugunsten des V ein wirksames Vermächtnis in seinem Testament errichtet haben.

I. M war zum Zeitpunkt der Testamentserrichtung **testierfähig**.

II. Inhalt des Testaments des M könnte ein Vermächtnis zugunsten des V sein. Gemäß § 1939 liegt ein Vermächtnis vor, wenn der Erblasser einem Dritten, ohne ihn als Erben einzusetzen, einen Vermögensvorteil zuwenden will.

Vermächtnis: Zuwendung eines Vermögensvorteils durch den Erblasser an einen Dritten, ohne ihn als Erben einzusetzen, vgl. § 1939.

M wollte dem V einen Anspruch auf die Schmetterlingssammlung zuwenden, ohne ihn zu seinem Erben einzusetzen. Folglich hat M ein Vermächtnis zugunsten des V in seinem Testament angeordnet.

III. Der testamentarischen Verfügung stehen auch **keine Unwirksamkeits- oder Nichtigkeitsgründe** entgegen.

IV. Das Testament des M muss auch im Hinblick auf das Vermächtnis **formwirksam** gemäß § 2247 sein.

M hat das Vermächtnis eigenhändig geschrieben, er hat das unterhalb der Unterschrift befindliche Postskriptum, in dem die Vermächtnisanordnung enthalten ist, jedoch nicht erneut unterschrieben.

Beachte: Zweck der Unterschrift
- Identitätsfunktion
- Abschlussfunktion

Ob eine erneute Unterschrift eines solchen Postskriptums erforderlich ist, muss nach dem Sinn und Zweck des Unterschriftserfordernisses beurteilt werden.

Der Gesetzgeber verlangt die eigenhändige Unterschrift des Erblassers zum einen, um die einwandfreie Feststellung der Urheberschaft des Erblassers zu ermöglichen **(Identitätsfunktion)**, zum anderen soll dadurch klargestellt werden, dass es sich um eine abgeschlossene Erklärung handelt **(Abschlussfunktion)**.[19]

19 Brox/Walker § 11 Rn. 6.

Beachte: Nachträge unterhalb der Unterschrift sind ohne erneute Unterzeichnung grds. formunwirksam. *Ausn.:* Nachtrag auf demselben Blatt, der Ergänzung o. Anmerkung zum oberen Text enthält.

Wegen der Abschlussfunktion der Unterschrift sind Nachträge unterhalb der Unterschrift grundsätzlich formunwirksam, wenn sie nicht gesondert unterschrieben worden sind.

Dies gilt uneingeschränkt für Nachträge auf einem gesonderten Blatt, da sie in keinem räumlichen Zusammenhang zu dem bereits vorhandenen Testament stehen. Unterhalb der Unterschrift befindliche Nachträge auf demselben Blatt sind ebenfalls grundsätzlich formunwirksam, es sei denn, sie enthalten eine Ergänzung oder Anmerkung, durch die der obere Text erst sinnvoll wird.

Das Vermächtnis zugunsten des V steht zwar auf demselben Blatt wie der unterschriebene Teil, es enthält jedoch eine inhaltlich neue Verfügung, die in keinem Zusammenhang mit den oberen Verfügungen steht. Demnach ist das Vermächtnis zugunsten des V wegen fehlender Unterschrift formunwirksam.

Somit hat V gegen die F keinen Anspruch auf Herausgabe und Übereignung der Schmetterlingssammlung gemäß § 2174.

C. A, B und C könnte ein **Pflichtteilsanspruch** gegen F gemäß **§ 2303 Abs. 1** zustehen.

Ein Pflichtteilsanspruch gemäß § 2303 Abs. 1 steht den Abkömmlingen des Erblassers zu, wenn sie durch Verfügung von Todes wegen von der Erbfolge ausgeschlossen worden sind.

Die Abkömmlinge A, B und C sind aufgrund des Testaments des M wirksam enterbt worden, sodass ihnen ein Pflichtteilsanspruch zusteht.

Gemäß § 2303 Abs. 1 S. 2 bestimmt sich die Höhe des Pflichtteils aus der Hälfte des gesetzlichen Erbteils. Fraglich ist daher, wie hoch der gesetzliche Erbteil von A, B und C gewesen wäre.

Bei gesetzlicher Erbfolge hätte die Ehefrau F gemäß § 1931 Abs. 1 S. 1 1/4 der Erbschaft erhalten und dieser Erbteil wäre gemäß § 1931 Abs. 3 i.V.m. § 1371 Abs. 1 um 1/4 erhöht worden, sodass sie den M zu 1/2 beerbt hätte.

Die Abkömmlinge A, B und C hätten zu gleichen Teilen die andere Hälfte geerbt, wären also Erben zu je 1/6 geworden, § 1924 Abs. 1, 4.

Daher steht A, B und C gemäß § 2303 Abs. 1 S. 2 gegen F ein auf Geldzahlung gerichteter Pflichtteilsanspruch in Höhe von jeweils 1/12 des Nachlasswertes zu.

Fall 14: Testamentsform – eigenhändiges Testament (2)

E hatte von ihrer Lieblingsenkelin L ein Tablet geschenkt bekommen, bei dem es möglich war, mit einem elektronischen Stift (Touchpen) handschriftliche Notizen anzufertigen.

Nachdem L der E die Nutzung des Tablets erklärt und mit ihr geübt hatte, hatte E sich angewöhnt, das Tablet für sämtliche schriftliche Angelegenheiten zu benutzen. Daher griff sie ebenfalls zu Tablet und Touchpen, um ihr Testament zu errichten. Der Text der Datei, den E mit dem Touchpen per Hand geschrieben hat, lautet:

„Gütersloh, 08.06.2022

Mein letzter Wille,
nach meinem Tod soll meine Enkelin L, die sich stets rührend um mich gekümmert hat, mein gesamtes Vermögen erhalten.
E"

E stirbt im August 2023 im Alter von 87 Jahren.

Ist L testamentarische Erbin der E geworden?

L könnte **testamentarische Alleinerbin** der E gemäß **§§ 1937, 1922** geworden sein.

A. Dazu muss E ein **wirksames Testament zugunsten der L errichtet** haben.

I. E war zum Zeitpunkt der Testamentserrichtung am 08.06.2022 i.S.v. § 2229 **testierfähig**.

II. Sie hat eindeutig zum Ausdruck gebracht, dass sie ihre Enkelin L zur Alleinerbin einsetzen möchte, sodass der **Inhalt** der Erklärung keiner Auslegung bedarf.

III. Es greifen auch **weder Unwirksamkeits- noch Nichtigkeitsgründe** ein, sodass die Verfügung wirksam ist.

IV. Ferner müssen die im Gesetz vorgesehenen **Formvorschriften** eingehalten worden sein.

Die von E errichtete Verfügung könnte der Form des privatschriftlichen Testaments gemäß § 2247 entsprechen.

1. § 2247 verlangt **zwingend** eine eigenhändige, handschriftliche und unterschriebene Erklärung der Erblasserin.

a) Die E hat den Text der Verfügung mittels eines Touchpens per Hand auf ihrem Tablet geschrieben. Daher hat E die Erbeinsetzung der L **handschriftlich** verfügt.

b) Die Erblasserin muss das Testament **eigenhändig** errichten, also den gesamten Wortlaut des Testaments selbst schreiben.

Es ist **umstritten**, ob die **Errichtung eines Testaments mittels Eingabestifts auf einem Tablet der Eigenhändigkeit genügt**.

aa) Der **wohl überwiegende Teil der Literatur** verneint die Eigenhändigkeit in diesem Fall. Schreibe man per Touchpen etwas auf einem Tablet nieder, werde nur eine digitale Datei und keine dauerhafte physisch verkörperte Urkunde produziert. Dadurch werde die Möglichkeit nachträglicher Manipulationen durch Einfügungen oder sonstige Bearbeitungen in erheblicher Weise erleichtert.[20] Dieses Fälschungsrisiko gefährde die Rechtssicherheit.

bb) Die **Gegenansicht** verweist darauf, dass auch bei einer Testamentserrichtung mittels Eingabestifts auf einem Tablet der Schriftzug individuell vom Erblasser geprägt sei. Da auch auf Papier verfasste handschriftliche Texte gefälscht werden könnten, greife das Fälschungsargument nicht durch. Vielmehr sei eine durch Passwort geschützte digitale Datei sogar besser vor unbefugtem Zugriff geschützt als ein auf Papier niedergeschriebenes Testament.[21]

Durch das Eigenhändigkeitserfordernis will der Gesetzgeber sicher stellen, dass der Erblasser sich inhaltlich mit seiner Verfügung auseinandersetzt.

cc) Stellungnahme: Das Eigenhändigkeitserfordernis soll gewährleisten, dass der Erblasser seine Verfügung selbstständig trifft, sich inhaltlich mit ihr auseinandersetzt und den Text durchdringt.[22] Beim Niederschreiben einer Verfügung mittels eines Touchpens verfährt der Erblasser genauso wie bei einer Niederschrift auf einem Stück Papier, sodass durch diese Errichtungsform gewährleistet wird, dass der Erblasser seine Verfügung selbstständig trifft. Da das Fälschungsrisiko sowohl bei digitalen Dateien als auch bei auf Papier verfassten Texten besteht, genügt die Errichtung einer Verfügung mittels eines Touchpens auf einem Tablet der Eigenhändigkeit.

c) Die Erblasserin E hat das Testament eigenhändig **unterschrieben**.

Infolgedessen sind die zwingenden Formvorschriften des § 2247 Abs. 1 erfüllt.

2. Die Erklärung vom 08.06.2022 ist datiert und eine Ortsangabe ist ebenfalls vorhanden, sodass die **Sollvorschriften des § 2247 Abs. 2** eingehalten worden sind.

E hat daher ein wirksames Testament zugunsten der L errichtet.

B. E hat die Erbeinsetzung ihrer Enkelin auch **nicht nachträglich beseitigt**, sodass L aufgrund der Verfügung vom 08.06.2022 testamentarische Alleinerbin der E geworden ist.

---

20 Hergenröder ZEV 2018, 7, 8, 9, 10; Löhnig/Hornberger/Mayr/Naczinsky JA 2019, 818, 820; MünchKomm/Sticherling § 2247 Rn. 14; Scholz AcP 219 100, 111.

21 Rühl/Horn Jura 2019, 1087, 1095, 1096.

22 Rühl/Horn Jura 2019, 1087, 1095.

Fall 15: Testamentsform – eigenhändiges Testament (3)

Zur Regelung ihres Nachlasses schrieb die 74-jährige G auf einem Briefbogen in DIN A5-Format folgende Verfügungen handschriftlich nieder:

„Marl, 12.05.2022

Mein letzter Wille

Da sich nach dem Tode meines geliebten Mannes meine Kinder S und T nicht um mich gekümmert haben, erhalten sie nichts.

Zu meiner Erbin bestimme ich meine Nichte N, die mich regelmäßig besucht hat.

Meine Freundin F soll die in Nr. 1–3 des angefügten Vermögensverzeichnisses genannten Gegenstände erhalten.

Meine Kegelschwester K erhält die in Nr. 4–5 des angefügten Vermögensverzeichnisses genannten Gegenstände."

Wegen der großzügigen Handschrift der G war auf dem Briefbogen unterhalb der Verfügungen kein Platz mehr für eine Unterschrift. G steckte den Briefbogen zusammen mit dem Vermögensverzeichnis in einen Umschlag, klebte diesen zu und unterschrieb auf der Vorderseite des Umschlags mit ihrem vollen Namen.

Das beigefügte Vermögensverzeichnis, das G mit der Schreibmaschine getippt und dann handschriftlich unterzeichnet hatte, enthielt folgende Auflistung:

1. Kaffeegeschirr mit Blumenmuster bestehend aus ...
2. zweireihige Perlenkette
3. Kerzenständer silber – dreiarmig
4. Kegelpokale
5. Tafelsilber bestehend aus ...

Nach dem Tod der G im März 2023 streiten die Beteiligten um den Nachlass der G.

Wie ist die Rechtslage?

A. Die Nichte N könnte **testamentarische Alleinerbin** der G gemäß **§§ 1937, 1922** geworden sein.

I. Dazu muss G ein **wirksames Testament zugunsten der N errichtet** haben.

1. G war zum Zeitpunkt der Testamentserrichtung am 12.05.2022 i.S.v. § 2229 **testierfähig**.

2. Sie hat eindeutig zum Ausdruck gebracht, dass sie ihre Nichte N zur Alleinerbin einsetzen und ihre Kinder enterben möchte, sodass der **Inhalt** der Erklärung keiner Auslegung bedarf.

3. Es greifen auch **weder Unwirksamkeits- noch Nichtigkeitsgründe** ein, sodass die Verfügung wirksam ist.

4. Die wirksame Testamentserrichtung erfordert die **Einhaltung der im Gesetz vorgesehenen Formvorschriften**.

Das von G errichtete Schreiben könnte der Form des privatschriftlichen Testaments gemäß § 2247 entsprechen.

a) § 2247 verlangt **zwingend** eine eigenhändige, handschriftliche und unterschriebene Erklärung des Erblassers.

aa) Der Erblasser muss das Testament **handschriftlich** errichten, d.h. er muss den gesamten Wortlaut des Testaments mit der Hand selbst schreiben.

Die Erbeinsetzung der N hat die G handschriftlich verfügt. Die Verfügungen zugunsten der F und der K hat die G jedoch durch Bezugnahme auf das maschinengeschriebene Vermögensverzeichnis näher erläutert. Insofern könnte das Erfordernis der handschriftlichen Errichtung nicht eingehalten worden sein.

Fraglich ist, wie sich die eventuelle Formnichtigkeit der Verfügungen zugunsten der F und der K auf die Wirksamkeit der Erbeinsetzung der N auswirken würde.

Gemäß § 2085 führt die Teilnichtigkeit bei einem Testament im Zweifel nur zur Teilnichtigkeit und nicht zur Gesamtnichtigkeit.

Es ist nicht ersichtlich, dass G die Erbeinsetzung der N nur für den Fall gewollt hat, dass die Verfügungen zugunsten der F und der K wirksam sind. Infolgedessen bleibt die Erbeinsetzung der N gemäß § 2085 auch wirksam, falls die Verfügungen zugunsten F und K wegen der Bezugnahme auf das maschinengeschriebene Vermögensverzeichnis formunwirksam sind.

bb) G hat die Erklärung **eigenhändig** errichtet.

cc) Der Erblasser muss das Testament eigenhändig **unterschreiben**. Dabei soll die Unterschrift des Erblassers gemäß § 2247 Abs. 3 S. 1 seinen Vor- und Familiennamen enthalten.

G hat das Blatt, auf dem ihre Verfügungen enthalten sind, nicht unterzeichnet, sondern sie hat lediglich den verschlossenen Briefumschlag, in den sie den Briefbogen eingesteckt hat, mit ihrem Vor- und Nachnamen unterschrieben.

Ob die Unterschrift auf einem Briefumschlag ausreichend ist, muss nach dem Sinn und Zweck des Unterschriftserfordernisses beurteilt werden.

Der Gesetzgeber verlangt die eigenhändige Unterschrift des Erblassers zum einen, um die einwandfreie Feststellung der Urheberschaft des Erblassers zu ermöglichen **(Identitätsfunktion)**; zum anderen soll dadurch klargestellt werden, dass es sich um eine abgeschlossene Erklärung handelt **(Abschlussfunktion)**. Wegen der Abschlussfunktion ist die Unterschrift auf einem Briefumschlag nur ausreichend, wenn sie sich als äußere Fortsetzung und Abschluss des einliegenden Schriftstücks darstellt. Ein solcher innerer Zusammenhang zwischen Testamentsinhalt und Namensunterschrift besteht nicht, wenn der Unterschrift auf dem Umschlag eine eigenständige Bedeutung zukommt, z.B. als Kennzeichnung des Inhalts,[23] oder wenn die Unterschrift auf einem unverschlossenen Umschlag erfolgt.[24]

23 BayObLG NJW-RR 2002, 1520.

24 OLG Hamm OLGZ 86, 292.

G hatte auf dem Briefbogen, auf dem sie ihre Verfügungen angeordnet hat, keinen Raum mehr für eine Unterzeichnung. Die von ihr auf dem verschlossenen Briefumschlag geleistete Unterschrift stellt sich daher als Fortsetzung und Schlusspunkt des einliegenden Schriftstücks dar. Ihrer Unterschrift kommt auch keine anderweitige selbstständige Bedeutung zu, sodass die Unterschrift der G auf dem verschlossenen Umschlag die Abschlussfunktion erfüllt.

Infolgedessen liegt eine ausreichende Unterzeichnung vor.

b) Die Erklärung vom 15.02.2022 ist datiert und eine Ortsangabe ist ebenfalls vorhanden, sodass die **Sollvorschriften des § 2247 Abs. 2** eingehalten worden sind.

G hat daher im Hinblick auf die Erbeinsetzung der N ein wirksames Testament errichtet.

II. G hat die Erbeinsetzung ihrer Nichte auch **nicht nachträglich beseitigt**, sodass N aufgrund der Verfügung vom 15.02.2022 testamentarische Alleinerbin der G geworden ist.

B. F könnte **gemäß § 2174** gegen N ein schuldrechtlicher **Anspruch auf Herausgabe und Übereignung des Kaffeegeschirrs, der Perlenkette und des Kerzenständers** zustehen.

Dazu muss G zugunsten der F ein wirksames Vermächtnis in ihrem Testament errichtet haben.

I. G war zum Zeitpunkt der Testamentserrichtung **testierfähig**.

II. G muss in ihrem Testament **inhaltlich** ein Vermächtnis zugunsten der F angeordnet haben.

Gemäß § 1939 liegt ein Vermächtnis vor, wenn der Erblasser einem Dritten, ohne ihn als Erben einzusetzen, einen Vermögensvorteil zuwenden will.

G wollte der F einen Anspruch auf das Kaffeegeschirr, die Perlenkette und den Kerzenständer zuwenden, ohne sie zu ihrer Erbin einzusetzen. Folglich hat G ein Vermächtnis zugunsten der F in ihrem Testament angeordnet.

III. Der Verfügung stehen **keinerlei Unwirksamkeits- oder Nichtigkeitsgründe** entgegen.

IV. Das Testament der G muss auch im Hinblick auf das Vermächtnis **formwirksam** gemäß § 2247 sein.

G hat das Vermächtnis eigenhändig errichtet und unterzeichnet (s.o.), sie hat die Verfügungen zugunsten der F und der K jedoch durch Bezugnahme auf das maschinengeschriebene Vermögensverzeichnis näher erläutert. Insofern könnte das **Erfordernis der handschriftlichen Errichtung** nicht eingehalten worden sein.

Bezugnahmen auf andere Schriftstücke sind grundsätzlich nur wirksam, wenn auch diese Schriftstücke der Form des § 2247 entsprechen. Wenn die in Bezug genommenen Schriftstücke jedoch nur der näheren Erläuterung testamentarischer Bestimmungen dienen, handelt es sich lediglich um die Auslegung eines bereits formgültig erklärten Willens, sodass in diesem Fall

Merke: Bezugnahmen auf andere Schriftstücke sind grds. nur wirksam, wenn diese Schriftstücke der Form des § 2247 entsprechen. *Ausn.:* Schriftstück dient nur näherer Erläuterung der testamentarischen Bestimmungen.

das Schriftstück, auf welches Bezug genommen wird, nicht der Form des § 2247 entsprechen muss.[25] Das Vermögensverzeichnis, auf das die G in ihrem privatschriftlichen Testament Bezug nimmt, ist maschinengeschrieben und entspricht daher nicht der Form des § 2247; es dient jedoch nur der näheren Erläuterung der Zuwendungen an F und K, sodass die fehlende Handschriftlichkeit für die Formwahrung unschädlich ist, da es nur um die Auslegung ihres bereits formgültig erklärten Willens geht.

Demnach ist das Vermächtnis zugunsten der F formwirksam. Mangels nachträglicher Beseitigung der Verfügung hat sie daher gegen die N einen Anspruch auf Herausgabe und Übereignung des Kaffeegeschirrs, der Perlenkette und des Kerzenständers gemäß § 2174.

C. Ferner steht K gegen N ein schuldrechtlicher Anspruch auf Herausgabe und Übereignung der Kegelpokale und des Tafelsilbers **gemäß § 2174** zu.

D. S und T könnte ein **Pflichtteilsanspruch** gegen N gemäß **§ 2303 Abs. 1** zustehen.

Ein Pflichtteilsanspruch gemäß § 2303 Abs. 1 steht den Abkömmlingen des Erblassers zu, wenn sie durch Verfügung von Todes wegen von der Erbfolge ausgeschlossen worden sind.

Die Abkömmlinge S und T sind aufgrund des Testaments der G wirksam enterbt worden, sodass ihnen ein Pflichtteilsanspruch zusteht.

Gemäß § 2303 Abs. 1 S. 2 bestimmt sich die Höhe des Pflichtteils aus der Hälfte des gesetzlichen Erbteils. Fraglich ist daher, wie hoch der gesetzliche Erbteil von S und T gewesen wäre.

Bei gesetzlicher Erbfolge hätten die Abkömmlinge S und T die G als Erben erster Ordnung zu gleichen Teilen beerbt, § 1924 Abs. 1 u. 4, wären also Erben der G zu je 1/2 geworden.

Daher steht S und T gemäß § 2303 Abs. 1 S. 2 gegen N ein auf Geldzahlung gerichteter Pflichtteilsanspruch i.H.v. jeweils 1/4 des Nachlasswertes zu.

25 BGH Rpfleger 1980, 337.

Fall 16: Widerruf eines Testaments – §§ 2254–2258

Der verwitwete und kinderlose Egon Meier (E) hat im Jahre 2016 in einem formgerecht errichteten notariellen Testament seinen langjährigen Geschäftspartner G zum Alleinerben bestimmt. 2020 findet E heraus, dass der G ihn bei einigen Geschäften betrogen hat. Daraufhin verfasst er handschriftlich folgendes Schreiben:

„Köln, 13.06.2020

Mein letzter Wille

G soll mich auf keinen Fall beerben, da er mich hintergangen hat. Mein Vermögen soll an mein Patenkind P gehen.

Egon Meier"

E stirbt im April 2023. Wer beerbt den E?

A. G könnte aufgrund des notariellen Testaments aus dem Jahre 2016 **Alleinerbe** des E gemäß **§§ 1937, 1922** geworden sein.

I. Dazu muss E zunächst ein **wirksames Testament zugunsten des G errichtet** haben.

E hat im Jahre 2016 eine **wirksame** und gemäß §§ 2231 Nr. 1, 2232 formgerechte **testamentarische Verfügung** mit dem Inhalt, dass G ihn beerben solle, **errichtet**.

II. Die Erbeinsetzung des G könnte durch Widerruf seitens des E **nachträglich beseitigt** worden sein.

Der Erblasser kann seine testamentarischen Verfügungen jederzeit und ohne Grund widerrufen, vgl. § 2253. Erforderlich ist ein wirksamer Widerruf des E gemäß §§ 2254 ff.

Beachte: Wegen der jederzeitigen Widerrufsmöglichkeit haben testamentarische Verfügungen *keinerlei Bindungswirkung* und der Bedachte hat bis zum Tod des Erblassers *keine gesicherte Rechtsposition.*

Das von E am 13.06.2020 verfasste Schreiben könnte ein Widerrufstestament gemäß § 2254 darstellen. Dazu muss E ein wirksames Testament errichtet haben, aus dem sich ergibt, dass einzelne oder alle testamentarischen Verfügungen keine Gültigkeit mehr haben sollen.

1. Das Schreiben des E vom 13.06.2020 muss zunächst als Widerrufstestament **wirksam errichtet** worden sein.

a) E war am 13.06.2020 **testierfähig** i.S.v. § 2229.

b) Aus dem Schreiben des E vom 13.06.2020 muss sich ergeben, dass E die Erbeinsetzung des G widerrufen möchte.

Zwar hat E in diesem Schreiben das Wort „Widerruf" nicht verwendet, es ergibt sich aber eindeutig, dass E die Erbeinsetzung des G nicht mehr wünscht. Infolgedessen hat er ausreichend deutlich gemacht, dass er die Erbeinsetzung des G mit dieser Erklärung widerrufen möchte.

Der Einordnung des Schreibens als Widerrufstestament gemäß § 2254 könnte jedoch entgegenstehen, dass E in der Erklärung auch noch die Erbeinsetzung seines Patenkindes P angeordnet hat. Es könnte sich wegen dieser zusätzlichen Verfügung um ein widersprechendes Testament gemäß § 2258 handeln.

Beachte: Bei ausdrücklicher Aufhebung geht § 2254 dem § 2258 vor.

Der Inhalt eines Widerrufstestaments muss sich jedoch nicht auf den Widerruf beschränken, sondern es können daneben noch weitere Verfügungen in der Erklärung enthalten sein. Sobald eine Verfügung ausdrücklich auf die Aufhebung einer testamentarischen Anordnung gerichtet ist, liegt ein Widerrufstestament gemäß § 2254 vor – unabhängig davon, ob und wie viele andere Verfügungen im Übrigen getroffen werden. Nur wenn ohne ausdrückliche Aufhebung in einem neuen Testament eine Verfügung getroffen wird, die zu einer Verfügung in einem früheren Testament in Widerspruch steht, handelt es sich um ein widersprechendes Testament gemäß § 2258.

Infolgedessen handelt es sich bei der Verfügung des E um ein Widerrufstestament gemäß § 2254.

c) Dieser Verfügung stehen **keine Unwirksamkeits- oder Nichtigkeitsgründe** entgegen.

d) Die wirksame Errichtung eines Widerrufstestaments erfordert die **Einhaltung der im Gesetz vorgesehenen Formvorschriften**.

Das von E errichtete Schreiben könnte der Form des privatschriftlichen Testaments gemäß § 2247 entsprechen. E hat das Schreiben eigenhändig und handschriftlich errichtet und die Erklärung auch unterzeichnet. Datum und Ort sind ebenfalls angegeben, sodass die gemäß § 2247 erforderlichen Formerfordernisse erfüllt sind.

Möglicherweise kann der Erblasser ein notariell errichtetes Testament nicht durch ein privatschriftliches Testament widerrufen, sondern muss dafür ebenfalls die notarielle Form wählen.

Beachte: Alle Widerrufsmöglichkeiten sind gleichwertig!

Es ist dem Wortlaut des Gesetzes nicht zu entnehmen, dass ein notarielles Testament nur durch ein ebenfalls notariell errichtetes Testament widerrufen werden kann. Da die Widerrufsmöglichkeiten des Erblassers der Absicherung seiner Testierfreiheit dienen, sind alle Widerrufsformen untereinander gleichwertig.

Folglich konnte E die Erbeinsetzung des G, die er in einem öffentlichen Testament verfügt hat, durch ein privatschriftliches Testament widerrufen.

Somit hat E ein wirksames Widerrufstestament gemäß § 2254 errichtet.

2. E hat den Widerruf der Erbeinsetzung des G auch **nicht nachträglich beseitigt**.

Demzufolge ist die Erbeinsetzung des G von E wirksam widerrufen worden, sodass G nicht Erbe des E gemäß §§ 1937, 1922 geworden ist.

B. P könnte aufgrund des Widerrufstestaments vom 13.06.2020 **Alleinerbe** des E gemäß **§§ 1937, 1922** geworden sein.

I. E hat am 13.06.2020 eine **wirksame** und gemäß §§ 2231 Nr. 2, 2247 formgerechte **testamentarische Verfügung** mit dem Inhalt, dass P ihn beerben solle, **errichtet**.

II. Diese Verfügung zugunsten des P hat E auch **nicht nachträglich beseitigt**, sodass P aufgrund der Verfügung vom 13.06.2020 testamentarischer Alleinerbe des E gemäß §§ 1937, 1922 geworden ist.

Fall 17: Widerruf eines Testaments – § 2255

B, der mit dem M verheiratet war, hatte sich mit seinem einzigen Sohn S, der aus seiner ersten Ehe stammte, erbittert gestritten, nachdem dieser ihm erzählt hatte, dass er sein Jurastudium abgebrochen habe.

Aus Verärgerung über das Verhalten seines Sohnes, hatte er in einem formgerecht errichteten privatschriftlichen Testament verfügt, dass er den S enterbe. Ansonsten hatte B keinerlei Anordnungen getroffen.

Nach einer klärenden Aussprache mit S wollte B die Enterbung wieder beseitigen. Da er infolge eines Skiunfalls ein Gipsbein hatte und sich daher nicht gut bewegen konnte, bat er seinen Mann M, das Testament zu zerreißen. M kam dieser Aufforderung seines Mannes nach.

B verstirbt Anfang 2023. Ist S Erbe des B geworden?

S könnte gemäß § 1924 Abs. 1 gesetzlicher Erbe des B geworden sein.

A. Erblasser B hat zu Lebzeiten keine Verfügung von Todes wegen errichtet, in der er einen Erben bestimmt hat, sodass er **nach der gesetzlichen Erbfolge gemäß §§ 1924 ff.** beerbt wird.

B. Als einziger Abkömmling des Erblassers ist S grundsätzlich **als Erbe erster Ordnung gemäß §§ 1924 Abs. 1, 1930 zum Erben berufen**.

S könnte jedoch von B durch das privatschriftliche Testament **wirksam enterbt** worden sein.

I. Dazu muss B zunächst eine **wirksame Verfügung von Todes wegen errichtet haben, die eine Enterbung des S beinhaltet**.

1. B war zur Zeit der Errichtung i.S.v. § 2229 **testierfähig**.

2. B hat in dieser Verfügung deutlich gemacht, dass er seinen Sohn S enterben wolle, sodass der **Inhalt** keiner Auslegung bedarf.

3. Das von B verfasste Schreiben enthält außer der Enterbung des S keine anderweitigen Anordnungen. Fraglich ist daher, ob es zulässig ist, in einem Testament lediglich eine Enterbung anzuordnen, ohne gleichzeitig einen Erben einzusetzen. Der Gesetzgeber lässt ein derartiges Negativtestament in **§ 1938** jedoch ausdrücklich zu und dies entspricht auch der Testierfreiheit des Erblassers, sodass die auf reine Enterbung des S gerichtete Verfügung des B **wirksam** ist.

4. Das Testament wurde gemäß §§ 2231 Nr. 2, 2247 **formgerecht** errichtet.

B hat demnach ein wirksames Testament errichtet, das die Enterbung des S beinhaltet.

II. Die Enterbung des S könnte durch Widerruf seitens des B **nachträglich beseitigt** worden sein.

Der Erblasser kann seine testamentarischen Verfügungen jederzeit und ohne Grund widerrufen, vgl. § 2253; ihm stehen dabei gemäß §§ 2254 ff. verschiedene Widerrufsmöglichkeiten zur Verfügung.

B könnte die Enterbung des S gemäß § 2255 durch Vernichtung der Testamentsurkunde widerrufen haben.

Beachte: Widerruf nach § 2255 ist eine letztwillige Verfügung und setzt daher Testierfähigkeit voraus.

1. B war im Zeitpunkt der Vernichtung der Testamentsurkunde **testierfähig**.

2. Ein Widerruf **durch Vernichtung oder Veränderung der Testamentsurkunde** gemäß § 2255 erfordert objektiv eine körperliche Veränderung des Testaments und subjektiv eine Aufhebungsabsicht des Erblassers.

a) Das privatschriftliche Testament ist zerrissen worden, sodass eine Vernichtung der Testamentsurkunde gegeben ist.

Problematisch erscheint jedoch, dass nicht der Erblasser selbst, sondern sein Ehemann die Urkunde zerrissen hat.

Beachte: Vernichtung oder Veränderung durch Erblasser selbst ist auch gegeben, wenn Dritter im Auftrag und mit Willen des Erblassers handelt (–), wenn Erblasser Handlung des Dritten nur nachträglich billigt.

§ 2255 verlangt, dass der Erblasser persönlich zu seinen Lebzeiten die Urkunde vernichtet. Eine Vernichtung durch den Erblasser selbst ist aber auch gegeben, wenn er sich dabei eines Dritten bedient, der im Auftrag und mit Willen des Erblassers zu dessen Lebzeiten die Urkunde vernichtet – wenn also der Dritte als unselbstständiges Werkzeug ohne eigenen Entscheidungsspielraum eingesetzt wird.[26]

M hat das Testament auf Bitten seines Mannes zerrissen und daher im Auftrag und mit Willen des B gehandelt. Folglich liegt eine Vernichtung der Testamentsurkunde durch den Erblasser gemäß § 2255 vor.

b) Der erforderliche **Aufhebungswille** des Erblassers wird gemäß § 2255 S. 2 vermutet und diese Vermutung ist nicht widerlegt.

Infolgedessen hat der B die Enterbung des S wirksam gemäß § 2255 widerrufen, sodass S gesetzlicher Erbe des B geworden ist.

C. Neben dem S ist der M als Ehemann des Erblassers gemäß § 1931 zur Erbfolge berufen. Er erhält gemäß § 1931 Abs. 1 S. 1 1/4 der Erbschaft und dieser Erbteil wird gemäß § 1931 Abs. 3 i.V.m. § 1371 Abs. 1 um 1/4 erhöht, sodass er den B zu 1/2 beerbt.

S erhält als einziger Erbe erster Ordnung die andere Hälfte des Nachlasses. Folglich ist S Erbe des B zu 1/2.

26 Jauernig/Stürner § 2255 Rn. 6 m.w.N.

Fall 18: Widerruf eines Testaments – §§ 2255–2256

Die geschiedene M hat durch ein formwirksam errichtetes eigenhändiges Testament ihre einzige Tochter T und ihre Freundin F zu gleichen Teilen zu ihren Erben eingesetzt. Das Testament hat sie beim Amtsgericht in besondere amtliche Verwahrung gegeben.

Nachdem sie F nach einem Streit die Freundschaft gekündigt hat, lässt sie sich das Testament vom Amtsgericht zurückgeben und vermerkt am Rand der Urkunde „ungültig bzgl. F". Eine gesonderte Unterschrift des Randvermerks erfolgt nicht.

M stirbt Mitte Februar 2023. Ist F Erbin der M geworden?

F könnte aufgrund des eigenhändigen Testaments **(Mit-)Erbin** der M zu 1/2 gemäß **§§ 1937, 1922** geworden sein.

A. M hat eine **wirksame** und gemäß §§ 2231 Nr. 2, 2247 formgerechte **testamentarische Verfügung** mit dem Inhalt, dass ihre Freundin F und ihre Tochter T sie zu gleichen Teilen beerben sollen, **errichtet**.

B. Die Erbeinsetzung der F könnte durch Widerruf seitens der M **nachträglich beseitigt** worden sein.

Die Erblasserin kann ihre testamentarischen Verfügungen jederzeit und ohne Grund widerrufen, vgl. § 2253; ihr stehen dabei gemäß §§ 2254 ff. verschiedene Widerrufsmöglichkeiten zur Verfügung.

I. Die Erbeinsetzung der F könnte **gemäß § 2256 durch Rücknahme aus der amtlichen Verwahrung widerrufen** worden sein.

1. M war im Zeitpunkt der Rücknahme des Testaments aus der amtlichen Verwahrung **testierfähig**.

Beachte: Widerruf nach § 2256 ist eine letztwillige Verfügung und setzt daher Testierfähigkeit voraus.

2. M hat ihr privatschriftliches Testament gemäß § 2248 in besondere amtliche Verwahrung gegeben und es sich später vom Amtsgericht wieder zurückgeben lassen. Somit liegt eine Rücknahme aus amtlicher Verwahrung vor, die gemäß § 2256 einen Widerruf darstellen kann.

Sinn des § 2256: Schutz des Testaments vor Verfälschungen.

Die Rücknahme aus amtlicher Verwahrung gilt bei notariellen oder Nottestamenten vor dem Bürgermeister (§ 2249) als Widerruf, vgl. § 2256 Abs. 1, da die bei Gericht eingereichte Urkunde auf jeden Fall den wahren und unverfälschten Willen des Erblassers beinhaltet und sich die Urkunde nach der Rücknahme nicht mehr in einem Bereich befindet, in dem sie vor Verfälschungen geschützt ist.[27] Wird ein privatschriftliches Testament, das **gemäß § 2248 bei Gericht hinterlegt** worden ist, aus der amtlichen Verwahrung zurückgenommen, so hat dies **gemäß § 2256 Abs. 3 keine Widerrufswirkung**, da bei diesem Testament niemals die Gewissheit bestand, dass die bei Gericht eingereichte Urkunde unverfälscht gewesen ist.

Beachte: Rücknahme eines gemäß § 2248 hinterlegten, privatschriftlichen Testaments aus amtlicher Verwahrung ist kein Widerruf, § 2256 Abs. 3.

Folglich stellt die Rücknahme des eigenhändigen Testaments aus der amtlichen Verwahrung durch die M gemäß § 2256 Abs. 3 keinen Widerruf dar.

II. M könnte die Erbeinsetzung der F **gemäß § 2255 durch Veränderung der Testamentsurkunde** widerrufen haben.

27 Michalski, Erbrecht, Rn. 243.

1. Als M den Ungültigkeitsvermerk bzgl. der Erbeinsetzung der F an den Rand des Testaments geschrieben hat, war sie i.S.v. § 2229 **testierfähig**.

2. Ein Widerruf gemäß § 2255 erfordert **objektiv eine körperliche Veränderung des Testaments** und **subjektiv** eine entsprechende **Aufhebungsabsicht** der Erblasserin.

M hat den Testamentstext als solchen nicht verändert, sondern lediglich am Rand einen Entwertungsvermerk im Hinblick auf die F notiert.

Merke: Str. ist, ob ein Ungültigkeitsvermerk am Rand eine Veränderung i.S.v. § 2255 darstellt.

Es ist **umstritten, ob** ein derartiger, an den Rand gesetzter **Annullierungsvermerk für eine Veränderung i.S.v. § 2255 ausreichend** ist.

a) Nach **h.M.** ist auch ein solcher Annullierungsvermerk eine Veränderung i.S.v. § 2255, da für jedermann erkennbar sei, dass der Inhalt der Urkunde insoweit nicht mehr gelten solle. Da es sich um eine Widerrufshandlung i.S.d. § 2255 handele, brauche der Erblasser den Entwertungsvermerk auch nicht gesondert zu unterschreiben.[28]

Danach stellt der Annullierungsvermerk eine Veränderung i.S.v. § 2255 dar. Der erforderliche Aufhebungswille der M wird gemäß § 2255 S. 2 vermutet, sodass nach h.M. ein wirksamer Widerruf der Erbeinsetzung der F vorliegt.

b) Nach **a.A.** handelt es sich bei einem solchen Ungültigkeitsvermerk nicht um eine Veränderung der Testamentsurkunde i.S.v. § 2255, da der eigentliche Text vollkommen unverändert bleibe und sich der Vermerk daher nicht mit anderen Formen der Veränderung vergleichen lasse wie z.B. dem Durchstreichen von Anordnungen. Der Entwertungsvermerk sei vielmehr eine Widerrufserklärung, die der Testamentsform bedürfe, also durch eine zusätzliche Unterschrift abgedeckt sein müsse.[29]

Danach stellt der Annullierungsvermerk keine Veränderung i.S.v. § 2255 dar, sondern es handelt sich um eine Widerrufserklärung, die der Testamentsform bedarf. Mangels Unterzeichnung des Entwertungsvermerks durch die M liegt daher nach dieser Auffassung kein wirksamer Widerruf der Erbeinsetzung der F vor.

c) Stellungnahme: § 2255 dient – wie alle Widerrufsmöglichkeiten – der Absicherung der Testierfreiheit des Erblassers. Da bei einem Ungültigkeitsvermerk am Rande der Testamentsurkunde ersichtlich ist, dass die Verfügung nach dem Willen des Erblassers insoweit keine Gültigkeit mehr haben soll, spricht der Normzweck des § 2255 für die Auslegung der h.M. Ferner verlangt der Wortlaut des § 2255 keine Veränderung des Testamentstextes, sondern erforderlich ist eine Veränderung „an der Testamentsurkunde"; eine Veränderung an der Urkunde liegt aber auch bei einem an den Rand gesetzten Annullierungsvermerk vor. Infolgedessen spricht auch der Wortlaut des § 2255 für eine Interpretation i.S.d. überwiegenden Ansicht.

Daher ist der h.M. zu folgen, sodass M die Erbeinsetzung der F gemäß § 2255 wirksam widerrufen hat.

F ist daher nicht (Mit-)Erbin der M zu 1/2 gemäß §§ 1937, 1922 geworden.

---

28 Grüneberg/Weidlich § 2255 Rn. 6 m.w.N.

29 Lange/Kuchinke, Erbrecht, § 23 II 2 b).

Fall 19: Widerruf des Widerrufs – § 2257

Die verwitwete und kinderlose W setzte ihre Freundin F 2019 durch ein formgerecht errichtetes notarielles Testament zur Alleinerbin ein.

Nach einem Streit mit F im Sommer 2020 verfügte sie in einem formwirksamen eigenhändigen Testament, dass sie die Erbeinsetzung der F widerrufe und ihr Neffe N sie beerben solle.

Weihnachten 2021 versöhnen sich W und F, allerdings kommt es zum Zerwürfnis mit dem Neffen N. Daraufhin verfügt die W in einem eigenhändigen Testament vom März 2022, dass sie an das Testament vom Sommer 2020 nicht mehr gebunden sein wolle und dass der treulose N von ihrem Vermögen nichts erhalten solle.

Nach dem Tod der W streiten F und N um deren Nachlass. Wer beerbt die W?

A. Der Neffe N könnte aufgrund des eigenhändigen Testaments aus dem Jahre 2020 **Alleinerbe** der W gemäß **§§ 1937, 1922** geworden sein.

I. W hat im Sommer 2020 ein **wirksames** und gemäß §§ 2231 Nr. 2, 2247 formgerechtes **Testament zugunsten des N errichtet**.

II. Die Erbeinsetzung des N könnte durch Widerruf seitens der W **nachträglich beseitigt** worden sein.

1. Die W könnte im März 2022 ein **wirksames Widerrufstestament** gemäß § 2254 bzgl. der Erbeinsetzung des N **errichtet** haben.

W hat im März 2022 eine wirksame und gemäß §§ 2231 Nr. 2, 2247 formgerechte testamentarische Verfügung errichtet, in der sie deutlich gemacht hat, dass sie die Erbeinsetzung ihres Neffen N widerrufen möchte.

2. W hat die Verfügung in dem Widerrufstestament **nicht durch Widerruf nachträglich beseitigt**.

Folglich hat W die Erbeinsetzung des N im März 2022 durch ein Widerrufstestament gemäß § 2254 wirksam widerrufen.

Demnach ist die Erbeinsetzung des N nachträglich beseitigt worden, sodass N nicht aufgrund des eigenhändigen Testaments aus dem Jahre 2020 Alleinerbe der W gemäß §§ 1937, 1922 geworden ist.

B. Die F könnte aufgrund des notariellen Testaments aus dem Jahre 2019 **Alleinerbin** der W gemäß **§§ 1937, 1922** geworden sein.

I. Dazu muss W im Jahre 2019 ein **wirksames Testament zugunsten der F errichtet** haben.

W hat im Jahre 2019 ein **wirksames** und gemäß §§ 2231 Nr. 1, 2232 formgerechtes **Testament zugunsten der F errichtet**.

II. Die Erbeinsetzung der F könnte durch Widerruf seitens der W **nachträglich beseitigt** worden sein.

1. Die W könnte im Sommer 2020 ein **wirksames Widerrufstestament** gemäß § 2254 bzgl. der Erbeinsetzung der F **errichtet** haben.

a) W war im Sommer 2020 **testierfähig**.

b) Aus dem im Sommer 2020 errichteten Testament der W ergibt sich eindeutig, dass sie die Erbeinsetzung der F mit dieser Erklärung widerrufen möchte.

Dass in dem Testament noch eine andere Verfügung enthalten ist, steht der Einordnung als Widerrufstestament nicht entgegen, da der Inhalt eines Widerrufstestaments sich nicht auf den Widerruf beschränken muss, sondern daneben noch weitere Verfügungen in der Erklärung enthalten sein können.

c) Dieser Verfügung stehen **keine Unwirksamkeits- oder Nichtigkeitsgründe** entgegen.

d) Die W hat ein **formgerechtes privatschriftliches Testament** gemäß § 2247 errichtet.

Fraglich ist jedoch, ob der Erblasser ein notariell errichtetes Testament überhaupt durch ein privatschriftliches Testament widerrufen kann oder ob er dafür nicht ebenfalls die notarielle Form wählen muss.

Der Wortlaut des Gesetzes verlangt für den Widerruf einer in einem notariellen Testament enthaltenen Verfügung kein ebenfalls notariell errichtetes Widerrufstestament. Die Widerrufsmöglichkeiten des Erblassers sind vielmehr untereinander gleichwertig, da sie der Absicherung der Testierfreiheit dienen.

Folglich konnte W die Erbeinsetzung der F, die sie in einem öffentlichen Testament verfügt hat, durch ein privatschriftliches Testament widerrufen.

Somit hat W im Sommer 2020 ein wirksames Widerrufstestament gemäß § 2254 bzgl. der Erbeinsetzung der F errichtet.

III. Der Widerruf der Erbeinsetzung der F darf seinerseits **nicht nachträglich beseitigt** worden sein.

Der Widerruf der Erbeinsetzung der F könnte durch das Widerrufstestament vom März 2022 widerrufen worden sein.

Widerruf durch Testament kann seinerseits widerrufen werden. Folge: Widerrufene Verfügung wird im Zweifel wieder wirksam, § 2257.

Gemäß § 2257 wird durch den Widerruf eines testamentarischen Widerrufs im Zweifel die ursprünglich widerrufene Verfügung wirksam.

W hat im März 2022 durch ein wirksames Widerrufstestament gemäß § 2254 die Erbeinsetzung des N widerrufen (s.o.). Damit wird gemäß § 2257 im Zweifel die dadurch widerrufene Verfügung – also die Erbeinsetzung der F – wieder wirksam, es sei denn, es ist ein gegenteiliger Wille der W feststellbar.

Beachte: Ein Widerruf gemäß §§ 2255, 2256 kann nicht widerrufen werden.

Es ist nicht ersichtlich, dass es dem Willen der W widerspricht, dass durch das Widerrufstestament vom März 2022 die Erbeinsetzung der F wieder wirksam wird. Die von ihr in dem Widerrufstestament vom März 2022 abgegebene Erklärung, sie wolle an das Testament vom Sommer 2020 nicht mehr gebunden sein, deutet sogar an, dass es ihrem ausdrücklichen Willen entspricht, dass F Erbin wird.

Daher ist der Widerruf der Erbeinsetzung der F durch das Widerrufstestament vom März 2022 nachträglich beseitigt worden.

Infolgedessen ist F aufgrund des notariellen Testaments aus dem Jahre 2019 Alleinerbin der W gemäß §§ 1937, 1922 geworden.

2. Erbvertrag

Fall 20: Inhalt und Bindungswirkung eines Erbvertrags

E und seine Ehefrau F haben einen formgültigen Erbvertrag geschlossen, in welchem E die F zur Alleinerbin eingesetzt und den T als Testamentsvollstrecker benannt hat. Zudem wurde vereinbart, dass die F einmal im Jahr dem Briefmarkenverein des E dessen Sammlung unentgeltlich zu Ausstellungszwecken zur Verfügung stellen muss. Später möchte E am liebsten die ganze Verfügung widerrufen, zumindest aber die Ernennung des Testamentsvollstreckers T, mit dem er sich überworfen hat, und die Verfügung zugunsten des Briefmarkenvereins, aus dem er zwangsweise ausgeschlossen wurde.

Inwieweit kann E den Erbvertrag widerrufen?

Ein Widerruf der im Erbvertrag enthaltenen Verfügungen ist gemäß § 2299 Abs. 2 S. 1 i.V.m. §§ 2253 ff. jederzeit möglich, wenn es sich um **einseitige Verfügungen** handelt. **Vertragsmäßige Verfügungen** können nicht widerrufen werden, sondern unterliegen erbrechtlicher Bindung und können nur gemäß §§ 2290 ff. aufgehoben, gemäß §§ 2293 ff. durch Rücktritt beseitigt oder gemäß §§ 2281 ff. angefochten werden.

Beachte: Im Gegensatz zu testamentarischen Verfügungen können beim Erbvertrag nicht alle Verfügungen frei widerrufen werden, sondern nur sogenannte einseitige Verfügungen, vgl. § 2299 Abs. 2 S. 1 i.V.m. §§ 2253 ff.

E kann also den Erbvertrag nur im Hinblick auf die dort geregelten einseitigen Verfügungen widerrufen, während er bzgl. der vertragsmäßigen Verfügungen kein Widerrufsrecht hat.

Fraglich ist daher, welche der im Erbvertrag von E und F getroffenen Verfügungen einseitige Verfügungen darstellen und bei welchen Anordnungen es sich um vertragsmäßige Verfügungen handelt.

A. Ernennung des T zum Testamentsvollstrecker

Gemäß § 2278 Abs. 2 können nur Erbeinsetzungen, Vermächtnisse, Auflagen und die Wahl des anzuwendenden Erbrechts, die in einem Erbvertrag enthalten sind, vertragsmäßige Verfügungen sein.

Folglich kann die im Erbvertrag angeordnete Testamentsvollstreckung nicht Gegenstand einer vertragsmäßigen Verfügung sein, sodass E die Ernennung des T zum Testamentsvollstrecker als einseitige Verfügung gemäß § 2299 Abs. 2 S. 1 i.V.m. §§ 2253 ff. frei widerrufen kann.

B. Erbeinsetzung der F

In einem Erbvertrag enthaltene Erbeinsetzungen, Vermächtnisse und Auflagen sind nicht automatisch vertragsmäßige Verfügungen. Wenn eine ausdrückliche Bestimmung dieser Verfügungen als vertragsmäßig fehlt, muss vielmehr im Einzelfall **durch Auslegung** ermittelt werden, ob die Vertragsparteien eine vertragsmäßige Verfügung vereinbaren wollten.

Beachte: Erbeinsetzungen, Vermächtnisse, Auflagen können vertragsmäßige Verfügungen sein, müssen es aber nicht – Auslegung!

Vertragsmäßige Verfügungen sind solche, an die die Parteien des Erbvertrags sich erkennbar vertraglich gebunden sehen wollen.[30]

30 Olzen, Erbrecht, Rn. 514.

Erbeinsetzung, Vermächtnis und Auflage sind daher i.d.R. als vertragsmäßige Verfügung zu verstehen, wenn der Vertragspartner des Erblassers ein Interesse an der Aufrechterhaltung der Verfügung gehabt hat.[31]

Die F wird durch die Erbeinsetzung selbst begünstigt, hat also ein Interesse an der Aufrechterhaltung dieser Verfügung. Es handelt sich demnach um eine vertragsmäßige Verfügung, die erbrechtlicher Bindung unterliegt und nicht von E einseitig widerrufen werden kann.

Beachte: In jedem Erbvertrag muss mindestens eine vertragsmäßige Verfügung enthalten sein.

C. Verfügung zugunsten des Briefmarkenvereins

Die Vereinbarung von E und F, dass die F dem Briefmarkenverein die Sammlung des E einmal im Jahr unentgeltlich zu Ausstellungszwecken zur Verfügung stellen soll, begründet für F eine Pflicht, ohne dass dem Briefmarkenverein ein Anspruch auf diese Leistung eingeräumt wird. Infolgedessen handelt es sich bei dieser Verfügung um eine **Auflage gemäß §§ 1940, 2192 ff.**, die eine vertragsmäßige Verfügung darstellen könnte.

An der Aufrechterhaltung dieser Verfügung hat die F jedoch kein ersichtliches Interesse, sodass es sich um eine einseitige Verfügung handelt, die E jederzeit frei widerrufen kann, § 2299 Abs. 2 S. 1 i.V.m. §§ 2253 ff.

E kann daher die Ernennung des Testamentsvollstreckers T sowie die Auflage zugunsten des Briefmarkenvereins frei widerrufen, während er bzgl. der Erbeinsetzung der F kein Widerrufsrecht hat.

Abwandlung:

Nach Abschluss des Erbvertrags mit F errichtet E ein formgerechtes eigenhändiges Testament, in dem er seinen Bruder B zum Alleinerben bestimmt.

Ist B nach dem Tod des E dessen Alleinerbe geworden?

Der Bruder B könnte aufgrund des eigenhändigen Testaments **Alleinerbe** des E gemäß **§§ 1937, 1922** geworden sein.

Dazu muss E zunächst ein wirksames Testament zugunsten des B errichtet haben.

A. E war zum Zeitpunkt der Testamentserrichtung i.S.v. § 2229 **testierfähig**.

B. E hat in dem Testament deutlich zum Ausdruck gebracht, dass er seinen Bruder B zum Alleinerben einsetzen möchte, sodass der **Inhalt** der Erklärung keiner Auslegung bedarf.

C. Die Verfügung muss auch **wirksam** sein. Grundsätzlich kann der Erblasser wegen seiner Testierfreiheit in einer Verfügung von Todes wegen frei bestimmen, wer sein Erbe werden soll.

Beachte: § 2289 regelt die Folgen der erbvertraglichen Bindung.

Die Erbeinsetzung des B in dem von E errichteten Testament könnte jedoch gemäß **§ 2289 Abs. 1 S. 2** unwirksam sein.

31 Brox/Walker § 14 Rn. 7.

Danach ist eine Verfügung von Todes wegen, die nach Abschluss eines Erbvertrags errichtet wird und das Recht des vertragsmäßig Bedachten beeinträchtigen würde, unwirksam.

Die Erbeinsetzung der F in dem Erbvertrag stellt eine vertragsmäßige Verfügung dar (s.o.). Die Erbeinsetzung des B in dem von E später errichteten Testament könnte eine **Beeinträchtigung i.S.v. § 2289** sein.

I. Eine Beeinträchtigung i.S.v. § 2289 liegt **nach h.M. bei jeder rechtlichen Beeinträchtigung** vor, d.h. bei jeder rechtlichen Minderung oder Beschwerung.[32]

Beachte: Str. ist, ob eine Beeinträchtigung i.S.v. § 2289 rein rechtlich zu beurteilen ist oder ob auch wirtschaftliche Aspekte zu berücksichtigen sind.

Die Erbeinsetzung des B in dem Testament nimmt der F ihre Erbenstellung und ist daher eine Minderung ihrer Rechtsposition. Infolgedessen handelt es sich nach h.M. um eine rechtliche Beeinträchtigung der F.

II. Nach a.A. ist eine Beeinträchtigung i.S.v. § 2289 immer gegeben, wenn die Verfügungen zueinander im Widerspruch stehen, während bei fehlendem Widerspruch eine Beeinträchtigung nur anzunehmen ist, wenn der Vertragserbe durch die Verfügung **wirtschaftlich** schlechter gestellt wird.[33]

Die Verfügungen im Erbvertrag und Testament stehen im Widerspruch zueinander, sodass auch nach dieser Ansicht eine Beeinträchtigung i.S.v. § 2289 gegeben ist.

III. Beide Auffassungen gelangen zu demselben Ergebnis, sodass sich eine Streitentscheidung erübrigt.

Die Erbeinsetzung des B durch das spätere Testament des E stellt daher eine Beeinträchtigung der vertragsmäßigen Erbeinsetzung der F dar und ist folglich gemäß § 2289 Abs. 1 S. 2 unwirksam.

Somit ist B nicht gemäß §§ 1937, 1922 testamentarischer Alleinerbe des E geworden.

---

32 BGHZ 26, 204, 213; MünchKomm/Musielak § 2289 Rn. 10 m.w.N.

33 Hk-BGB/Hoeren § 2289 Rn. 7, 8.

Fall 21: Rücktritt vom Erbvertrag

Großvater G hatte seine Enkelin E in einem Erbvertrag vertragsmäßig zur Alleinerbin eingesetzt. E hatte sich dafür zur lebenslangen Pflege des G verpflichtet. In der Folgezeit erfüllte E ihre Verpflichtungen nicht.

G möchte wissen, ob er vom Erbvertrag zurücktreten kann.

G kann nur dann vom Erbvertrag zurücktreten, wenn er einen **Rücktrittsgrund** hat.

A. Rücktrittsvorbehalt im Erbvertrag, § 2293

Der Erblasser kann sich aufgrund der Vertragsfreiheit gemäß § 2293 im Erbvertrag ein Rücktrittsrecht vorbehalten. Einen solchen Vorbehalt haben G und E jedoch nicht vereinbart, sodass ein Rücktritt des G gemäß § 2293 ausscheidet.

B. Gesetzliche Rücktrittsgründe

I. Der Erblasser kann **gemäß § 2295** von einer vertragsmäßigen Verfügung eines Erbvertrags zurücktreten, wenn die Verfügung mit Rücksicht auf eine rechtsgeschäftliche Verpflichtung des Bedachten, an den Erblasser für dessen Lebenszeit wiederkehrende Leistungen zu entrichten, getroffen ist und diese Verpflichtung vor dem Tode des Erblassers aufgehoben wird.

1. G hat die E vertragsmäßig zur Erbin berufen und die Verfügung ist mit Rücksicht auf eine rechtsgeschäftliche Verpflichtung der E, an den G für dessen Lebenszeit wiederkehrende Leistungen zu entrichten – die lebenslange Pflege –, getroffen worden.

2. Ferner muss die rechtsgeschäftliche Verpflichtung der E vor dem Tod des G aufgehoben worden sein.

Beachte: Der Rücktritt gemäß § 2295 setzt voraus, dass die Gegenverpflichtung bereits aufgehoben worden ist.

E hat ihre Verpflichtung zur Pflege des G nach Abschluss des Erbvertrags nicht erfüllt. Dadurch verletzt sie zwar ihre Pflichten aus dem Erbvertrag, aber ihre Leistungsverpflichtung wird davon nicht berührt, sodass diese Verpflichtung nicht i.S.v. § 2295 aufgehoben worden ist.

Daher steht dem G allein wegen der Nichterfüllung der Pflegeleistung kein Rücktrittsrecht gemäß § 2295 zu.

II. Da die speziellen gesetzlichen Rücktrittsgründe des Erbvertragsrechts nicht greifen, könnte man wegen der Pflichtverletzung der E ein **Rücktrittsrecht des G aus § 323 Abs. 1** erwägen.

Dazu muss **der Erbvertrag ein gegenseitiger Vertrag i.S.v. §§ 320 ff.** sein.

Gemäß § 2302 kann sich der Erblasser nicht durch Vertrag zur Errichtung einer Verfügung von Todes wegen verpflichten. Infolgedessen handelt es sich selbst bei einem entgeltlichen Erbvertrag nicht um einen gegenseitigen Vertrag i.S.d. §§ 320 ff.[34]

---

34 Brox/Walker § 14 Rn. 11, 12.

Im Übrigen stellen die §§ 2293 ff. eine abschließende Sonderregelung für den Rücktritt des Erblassers vom Erbvertrag dar, sodass ein Rücktritt gemäß § 323 auch aus diesem Grunde ausscheidet.[35]

Beachte: §§ 323 ff. sind auf Rücktritt des Erblassers vom Erbvertrag nicht anwendbar.

III. In Betracht kommt ein **Rücktrittsrecht wegen Aufhebung der Gegenverpflichtung gemäß § 2295 nach Kündigung des Pflegevertrags**.

Ein Rücktritt des G gemäß § 2295 scheitert zurzeit daran, dass die Nichterfüllung der Pflegeleistung durch seine Enkelin nicht automatisch zur Aufhebung ihrer Leistungspflicht führt (s.o.).

Der vertraglichen Aufhebung der Gegenverpflichtung i.S.v. § 2295 steht es jedoch gleich, wenn diese nachträglich wegfällt.[36] D.h., wenn G die Gegenverpflichtung der E z.B. durch Kündigung des Pflegevertrags beseitigen kann, ist eine Aufhebung i.S.d. § 2295 gegeben, sodass er dann vom Erbvertrag zurücktreten kann.

Fraglich ist daher, ob für den G die Möglichkeit besteht, den Pflegevertrag zu kündigen.

1. In Betracht kommt ein **Kündigungsrecht aus wichtigem Grund gemäß § 626 Abs. 1** wegen der beharrlichen Leistungsverweigerung der E.

Dann müsste der Pflegevertrag ein Dienstvertrag i.S.d. § 611 sein.

Ein solcher Dienstvertrag setzt voraus, dass ein Entgelt für die Dienstleistung zu erbringen ist. G soll zu Lebzeiten für die Pflegeleistung der E jedoch kein Entgelt zahlen, sondern sie soll das Vermögen des G erst nach dessen Tod erhalten.

Infolgedessen handelt es sich bei dem Pflegevertrag nicht um einen Dienstvertrag i.S.d. § 611, sodass ein Kündigungsrecht gemäß § 626 Abs. 1 ausscheidet.

2. Evtl. kommt ein **Kündigungsrecht aus wichtigem Grund analog § 626 Abs. 1** wegen der beharrlichen Leistungsverweigerung der E in Betracht.

Der Pflegevertrag zwischen G und E entspricht – bis auf die fehlende Entlohnung der E zu Lebzeiten des G – im Wesentlichen einem Dienstvertrag, sodass nach h.M. die §§ 611 ff. analog angewendet werden können.[37]

Die beharrliche Leistungsverweigerung seitens der E stellt einen wichtigen Grund i.S.v. § 626 Abs. 1 analog dar, sodass G den Pflegevertrag kündigen und somit die Gegenverpflichtung der E nachträglich beseitigen kann.

Infolgedessen kann G nach der Kündigung des Pflegevertrags gemäß § 2295 vom Erbvertrag zurücktreten.

---

35 Frank/Helms § 13 Rn. 34.

36 MünchKomm/Musielak § 2295 Rn. 4.

37 Leipold Rn. 538; Frank/Helms § 13 Rn. 34 m.w.N.; a.A.: Lösung über § 314.

Fall 22: Verfügungen des Erblassers zu Lebzeiten – §§ 2286–2287

Der verwitwete V hat seine Tochter T, die später den väterlichen Betrieb übernehmen soll, in einem formgerecht abgeschlossenen Erbvertrag zur Alleinerbin bestimmt.

Kurz vor seinem Tod schenkt er seinem Sohn S ein wertvolles Bild, um die Bevorzugung der T auszugleichen.

Nach dem Tod des V im Januar 2023 verlangt T das Bild von ihrem Bruder heraus. Zu Recht?

A. T könnte gegen S ein Anspruch auf Herausgabe des Bildes gemäß **§ 2018** zustehen.

T ist aufgrund der wirksamen erbvertraglichen Verfügung gemäß §§ 1941, 1922 Alleinerbin des V geworden. Jedoch hat S das Bild nicht aufgrund eines vermeintlichen Erbrechts in Besitz genommen, sondern er hat es von V durch lebzeitige Schenkung erhalten, sodass er kein Erbschaftsbesitzer ist.

Daher steht T gegen S kein Herausgabeanspruch aus § 2018 zu.

B. T könnte gegen S ein Anspruch auf Herausgabe des Bildes gemäß **§ 985** zustehen.

Ein Herausgabeanspruch aus § 985 steht der T nur zu, wenn sie **Eigentümerin** des Bildes ist.

T könnte das Eigentum an dem Bild gemäß § 1922 als Erbin des V mit dessen Tod erworben haben.

T ist aufgrund der wirksamen erbvertraglichen Verfügung Alleinerbin des V geworden und gemäß § 1922 Abs. 1 geht das Vermögen des Erblassers als Ganzes auf die Erbin über.

T hat daher das Eigentum an dem Bild gemäß § 1922 Abs. 1 erworben, wenn V zum Zeitpunkt seines Todes noch Eigentümer des Bildes war.

Ursprünglich war V Eigentümer des Bildes, er könnte das Eigentum jedoch durch lebzeitige Übereignung an S gemäß § 929 S. 1 verloren haben.

I. V und S haben sich **wirksam** über den Eigentumsübergang bzgl. des Bildes **geeinigt**.

II. V hat seinem Sohn das Bild **übergeben**.

III. Zur Zeit der Übergabe waren sich V und S auch weiterhin über den Eigentumsübergang einig.

IV. V muss zur Übereignung **berechtigt** gewesen sein.

Das ist der Fall, wenn **V verfügungsbefugter Eigentümer** des Bildes war.

1. V war **Eigentümer** des Bildes.

2. Die **Verfügungsbefugnis** des V könnte wegen der erbvertraglichen Erbeinsetzung der T eingeschränkt gewesen sein.

Gemäß § 2286 wird jedoch das Recht des Erblassers, über sein Vermögen durch Rechtsgeschäft unter Lebenden zu verfügen, durch den Erbvertrag nicht eingeschränkt.

Daher war V verfügungsbefugter Eigentümer des Bildes und somit zur Eigentumsübertragung berechtigt.

Beachte: Erbvertrag schränkt Verfügungsbefugnis des Erblassers zu Lebzeiten nicht ein, § 2286.

Demnach hat S das Eigentum an dem Bild durch Übereignung gemäß § 929 S. 1 von V erworben, sodass V zum Zeitpunkt seines Todes nicht mehr Eigentümer war. Folglich ist T nicht gemäß § 1922 mit dem Tod des V Eigentümerin des Bildes geworden.

Mangels Eigentümerstellung der T steht ihr somit kein Anspruch auf Herausgabe des Bildes gegen S aus § 985 zu.

C. T könnte gegen S ein Anspruch auf Herausgabe des Bildes gemäß **§ 812 Abs. 1 S. 1 Alt. 1** zustehen.

I. S hat Eigentum und Besitz am Bild und damit einen Vermögensvorteil, also **etwas** i.S.v. § 812 **erlangt**.

II. S muss Eigentum und Besitz am Bild **durch Leistung der T** erlangt haben.

Leistung i.S.v. § 812 Abs. 1 S. 1 Alt. 1 ist jede bewusste und zweckgerichtete Mehrung fremden Vermögens zur Erfüllung einer – wenn auch nur vermeintlichen – Verbindlichkeit.

V hat das Vermögen des S durch die Übereignung des Bildes bewusst gemehrt, um sein Schenkungsversprechen zu erfüllen. Demnach liegt eine Leistung des V vor. In diese Position des Leistenden rückt allerdings die T als seine Erbin gemäß § 1922 ein, sodass eine Leistung durch T gegeben ist.

III. V und S haben sich jedoch wirksam i.S.v. §§ 516, 518 geeinigt, sodass ein wirksamer Schenkungsvertrag und somit ein **Rechtsgrund** gegeben ist.

Ein Anspruch aus § 812 Abs. 1 S. 1 Alt. 1 auf Herausgabe des Bildes scheidet daher aus.

D. T könnte gegen S ein Anspruch auf Herausgabe des Bildes gemäß **§ 2287 Abs. 1 i.V.m. §§ 812 ff.** zustehen.

I. Dazu müssen die **Voraussetzungen des § 2287** gegeben sein.

Ein Herausgabeanspruch gemäß § 2287 steht T zu, wenn sie Vertragserbin des V ist und dieser eine Schenkung in der Absicht, sie zu beeinträchtigen, gemacht hat.

1. T ist von V zur **Vertragserbin** eingesetzt worden.

2. Erblasser V hat eine **Schenkung** an den S vorgenommen.

3. Die Vertragserbin muss ferner durch die Schenkung **objektiv benachteiligt** worden sein.

Grundsätzlich stellt jede Schenkung durch den Erblasser eine objektive Beeinträchtigung dar, weil bei einer Schenkung keine Gegenleistung in das Vermögen zurückfließt. Die Regelung des § 2287 will den Vertragserben jedoch nur davor schützen, dass der Erblasser die Bindungswirkung erbvertraglicher Verfügungen durch lebzeitige Rechtsgeschäfte unterläuft.[38]

Beachte: § 2287 will den Vertragserben davor schützen, dass der Erblasser die Bindungswirkung vertragsmäßiger Verfügungen durch lebzeitige Rechtsgeschäfte unterläuft.

38 Grüneberg/Weidlich § 2287 Rn. 1.

Infolgedessen wird der Vertragserbe nur durch solche Schenkungen objektiv benachteiligt, die eine bindend gewordene erbvertragliche Verfügung beeinträchtigen.

Da nur vertragsmäßige Verfügungen eine erbrechtliche Bindung auslösen – einseitige Verfügungen können jederzeit widerrufen werden, vgl. § 2299 Abs. 2 i.V.m. §§ 2253 ff. –, liegt eine objektive Benachteiligung der T durch die Schenkung nur dann vor, wenn ihre Erbeinsetzung im Erbvertrag vertragsmäßig war.

Die Erbeinsetzung der T im Erbvertrag wurde nicht ausdrücklich als vertragsmäßige Verfügung bezeichnet, daher muss **durch Auslegung** ermittelt werden, ob sie nach der Vorstellung der Vertragsparteien vertragsmäßig sein sollte.

Eine Erbeinsetzung ist i.d.R. als vertragsmäßige Verfügung zu verstehen, wenn der Vertragspartner des Erblassers ein Interesse an der Aufrechterhaltung der Verfügung hat.

Da T durch die Erbeinsetzung selbst begünstigt wird, hat sie ein Interesse an der Aufrechterhaltung dieser Verfügung, sodass es sich um eine vertragsmäßige Verfügung handelt.

Die Vertragsparteien haben im Erbvertrag auch keinen Vorbehalt zugunsten des Erblassers vereinbart, abweichende nachträgliche letztwillige Verfügungen zu treffen, sodass die Schenkung in Widerspruch zu der bindend gewordenen Erbeinsetzung steht und daher die T objektiv benachteiligt.

4. Der Erblasser muss die Schenkung schließlich gemacht haben, um die Vertragserbin zu beeinträchtigen (**Beeinträchtigungsabsicht**).

Beachte: Beeinträchtigungsabsicht i.S.v. § 2286 grds. (+), es sei denn lebzeitiges Eigeninteresse des Erblassers.

Nach mittlerweile ständiger Rechtsprechung ist diese Beeinträchtigungsabsicht grundsätzlich bei einer Schenkung immer anzunehmen, es sei denn, der Erblasser hat ein lebzeitiges Eigeninteresse an der Schenkung.[39] Ein lebzeitiges Interesse liegt vor, wenn die Schenkung in Anbetracht der Umstände als billigenswert und gerechtfertigt erscheint, also z.B. bei sogenannten Pflicht- und Anstandsschenkungen oder bei Schenkungen zur Absicherung der eigenen Altersversorgung.[40]

Ein lebzeitiges Eigeninteresse des V an der Schenkung könnte anzunehmen sein, weil er mit der Schenkung an den S die Bevorzugung der T ausgleichen wollte.

Die Absicht des Erblassers, durch die Schenkung eine Gleichbehandlung seiner Abkömmlinge zu bewirken, entspricht weder einer sittlichen Pflicht noch dient sie dem billigenswerten Interesse des Erblassers, eine Person für die Betreuung im Alter an sich zu binden.[41]

Infolgedessen stellt die Gleichbehandlungsabsicht des V kein lebzeitiges Eigeninteresse dar, sodass die Schenkung mit Beeinträchtigungsabsicht erfolgt ist und daher die Voraussetzungen des § 2287 vorliegen.

---

39 BGHZ 59, 343, 349 f.

40 Jauernig/Stürner § 2287 Rn. 3.

41 BGH NJW-RR 2005, 1462.

II. Als **Rechtsfolge** kann die Vertragserbin nach Anfall der Erbschaft die Herausgabe des Geschenkten nach den Vorschriften des Bereicherungsrechts verlangen.

§ 2287 ist unstreitig ein Rechtsfolgenverweis auf §§ 812 ff., da die Regelung einen wirksamen Schenkungsvertrag voraussetzt, der einen Rechtsgrund i.S.v. § 812 darstellt

Daher kann T von S grundsätzlich Herausgabe des Bildes gemäß §§ 2287, 812 Abs. 1 verlangen.

Allerdings muss bei diesem Herausgabeanspruch der T möglicherweise noch berücksichtigt werden, dass dem S als enterbtem Sohn ein Pflichtteilsanspruch gemäß § 2303 Abs. 1 zusteht.

Da die Vertragserbin mit einer Pflichtteilslast rechnen muss, ist sie insoweit von vornherein nicht beeinträchtigt. Folglich muss S das Bild nur Zug um Zug gegen Begleichung seines Pflichtteilsanspruchs an T herausgeben.

Der Pflichtteil beträgt gemäß § 2303 Abs. 1 S. 2 die Hälfte des gesetzlichen Erbteils. Bei gesetzlicher Erbfolge hätten S und T als gesetzliche Erben erster Ordnung den V allein und zu gleichen Teilen beerbt, § 1924 Abs. 1 u. 4. Daher wäre S Erbe des V zu 1/2 geworden, sodass ihm ein Pflichtteilsanspruch i.H.v. 1/4 des Nachlasswertes zusteht.

T kann daher Herausgabe des Bildes von S Zug um Zug gegen Zahlung seines Pflichtteilsanspruchs i.H.v. 1/4 des Nachlasswertes gemäß § 2287 i.V.m. §§ 812 ff. verlangen.

Abwandlung:

S hat das Bild, das er nicht leiden konnte, noch vor dem Tod seines Vaters an seinen Lebensgefährten L verschenkt.

Nach dem Tod des V verlangt T das Bild von L heraus. Zu Recht?

T könnte gegen L ein Anspruch auf Herausgabe des Bildes gemäß **§ 2287 Abs. 1 i.V.m. § 822** zustehen.

A. T ist von V zur Vertragserbin eingesetzt worden und T ist durch die Schenkung des Bildes von V an S, die in Beeinträchtigungsabsicht erfolgte, objektiv benachteiligt worden (s.o.), sodass die **Voraussetzungen des § 2287** gegeben sind.

B. Als **Rechtsfolge** kann die Vertragserbin nach Anfall der Erbschaft die Herausgabe des Geschenkten nach den Vorschriften des Bereicherungsrechts verlangen. Schuldner des Anspruchs ist grundsätzlich der Beschenkte.

I. Daher kann T von S grundsätzlich Herausgabe des Bildes gemäß §§ 2287, 812 Abs. 1 verlangen.

II. S hat das Bild jedoch schenkweise auf seinen Lebensgefährten L übereignet. Infolgedessen könnte T gegen L als einen vom Empfänger Beschenkten Dritten ein Herausgabeanspruch gemäß § 822 zustehen.

1. Da § 2287 nur angesichts des Anspruchsumfangs auf das Recht der ungerechtfertigten Bereicherung verweist, ist **umstritten, ob dem Vertragserben auch der selbstständige Anspruch des § 822** auf Herausgabe durch einen vom Empfänger beschenkten Dritten **zusteht.**

a) In der **Literatur** wird **überwiegend** die Auffassung vertreten, § 822 finde entsprechende Anwendung, da der unentgeltliche Erwerb des Dritten weniger schutzwürdig erscheint als das Interesse des Vertragserben an der Herausgabe.[42] Dieser Ansicht hat sich nunmehr auch der **BGH** angeschlossen.[43]

b) Die **Gegenauffassung** lehnt eine entsprechende Anwendung ab, weil § 822 nicht nur den Umfang des Bereicherungsanspruchs bestimme, sondern einen selbstständigen Anspruch darstelle.[44]

c) Stellungnahme: Für die Anwendbarkeit des § 822 im Rahmen des § 2287 spricht der Sinn und Zweck des § 822. Die Norm beruht auf der Interessenbewertung, dass derjenige, der unentgeltlich das erlangt hat, was der unmittelbar Bereicherte hätte herausgeben müssen, nicht schutzwürdig ist. Diese Erwägung muss auch im Rahmen des § 2287 gelten. Auch der unentgeltliche Erwerb des Dritten ist weniger schutzwürdig als das Interesse des Vertragserben, die Erbschaft ungeschmälert von beeinträchtigenden Schenkungen zu erhalten.

Somit kommt eine Durchgriffsmöglichkeit der T gegen L auf Herausgabe und Übereignung des Bildes gemäß § 822 in Betracht.

2. Dazu müssen die **Voraussetzungen eines Anspruchs aus § 822** gegeben sein.

a) Der (Erst-)Empfänger – der Sohn des V – ist gemäß § 2287 Abs. 1 i.V.m. §§ 812 ff. zur Herausgabe des Bildes verpflichtet gewesen (s.o.).

b) Ferner hat der (Erst-)Empfänger – der Sohn des V – das von V erlangte Bild auf seinen Lebensgefährten L unentgeltlich übereignet.

c) Schließlich muss die Verpflichtung des (Erst-)Empfängers zur Herausgabe infolge einer unentgeltlichen Zuwendung an einen Dritten ausgeschlossen sein.

Die Verpflichtung des Sohnes zur Herausgabe des Bildes ist infolge der unentgeltlichen Zuwendung an seinen Lebensgefährten L auf jeden Fall ausgeschlossen – entweder gemäß § 818 Abs. 3 wegen Wegfalls der Bereicherung oder gemäß § 275 Abs. 1 wegen Unmöglichkeit der Herausgabe.

Folglich liegen die Voraussetzungen des § 822 vor.

3. Als **Rechtsfolge** haftet L gemäß § 2287 i.V.m. § 822 gegenüber T auf Herausgabe und Übereignung des Bildes.

---

42 BeckOK BGB/Litzenburger, § 2287 Rn. 25 m.w.N.

43 BGH RÜ 2014, 88, 91.

44 Staudinger/Kanzleiter, BGB, § 2287 Rn. 23.

3. Gemeinschaftliches Testament

Fall 23: Errichtung eines gemeinschaftlichen Testaments

Die Eheleute M und F wollen ihre Erbfolge so gestalten, dass derjenige von ihnen, der den anderen überlebt, dessen Alleinerbe wird. Zu diesem Zweck gibt F auf einem eigenhändig geschriebenen und unterzeichneten Blatt die Erklärung ab, dass sie Bezug nehmend auf das Testament ihres Mannes diesen zu ihrem Alleinerben einsetze. M verfährt in derselben Weise und erklärt Bezug nehmend auf das Testament seiner Frau, dass er diese zu seiner Alleinerbin bestimme. Anschließend tauschen die beiden ihre Erklärungen aus.

Haben M und F ein wirksames gemeinschaftliches Testament errichtet?

M und F haben ein wirksames gemeinschaftliches Testament errichtet, wenn die **gemäß §§ 2265 ff. erforderlichen Voraussetzungen erfüllt** sind.

I. Eine **wirksame Ehe** bestand zur Zeit der Testamentserrichtung zwischen M und F.

II. M und F waren zur Zeit der Testamentserrichtung auch i.S.v. § 2229 **testierfähig**.

III. Den Verfügungen lässt sich deutlich entnehmen, dass F ihren Mann M zum Alleinerben einsetzen will und M seine Frau F zur Alleinerbin einsetzen möchte, sodass der **Inhalt** der Erklärungen keiner Auslegung bedarf.

IV. Ferner stehen den Verfügungen **keinerlei Unwirksamkeits- oder Nichtigkeitsgründe** entgegen.

V. Die wirksame Errichtung eines gemeinschaftlichen Testaments erfordert schließlich die Einhaltung der im Gesetz vorgesehenen **Formvorschriften**.

1. Das gemeinschaftliche Testament kann von Eheleuten in allen Testamentsformen errichtet werden.

M und F haben jeweils eigenhändig geschriebene und unterschriebene Erklärungen abgegeben, sodass hinsichtlich der einzelnen Erklärungen die Form eines privatschriftlichen Testaments gemäß § 2247 eingehalten ist.

2. Ein gemeinschaftliches Testament verlangt jedoch zwingend einen **Errichtungszusammenhang** zwischen den letztwilligen Verfügungen der Ehegatten. Ein solcher liegt vor, wenn jeder der Ehegatten letztwillig verfügt und beide aufgrund eines gemeinsamen Entschlusses handeln.[45]

Beachte: Gemeinschaftliches Testament erfordert *Errichtungszusammenhang* zwischen den letztwilligen Verfügungen der Ehegatten.

M und F haben ihre letztwilligen Verfügungen in verschiedenen Urkunden getroffen, sodass der erforderliche Errichtungszusammenhang möglicherweise fehlt.

a) Nach der vom RG vertretenen sogenannten **objektiven Theorie** mussten die beiden letztwilligen Verfügungen in einer Urkunde enthalten sein, damit Gemeinschaftlichkeit der Errichtung gegeben war.[46]

45 Brox/Walker § 15 Rn. 1.
46 RGZ 50, 308, 309.

Danach fehlt der erforderliche Errichtungszusammenhang, da M und F ihre Verfügungen nicht in einer Urkunde abgegeben haben.

b) Nach a.A. (sogenannte **subjektive Theorie**) ist für den Errichtungszusammenhang nur entscheidend, dass die Ehegatten den Willen haben, gemeinsam eine Regelung zu treffen.[47]

M und F wollten eine gemeinsame Regelung treffen, sodass nach dieser Auffassung der erforderliche Errichtungszusammenhang vorliegt.

c) Die heute h.M. (vermittelnde Auffassung oder **eingeschränkte subjektive Theorie**) verlangt für den Errichtungszusammenhang nicht, dass die Verfügungen der beiden Ehegatten in einer Urkunde enthalten sind. Erforderlich ist jedoch, dass jeder Ehegatte ein formwirksames Testament errichtet und der Wille, gemeinsam zu testieren, aus den verschiedenen Urkunden erkennbar ist.[48]

M und F haben jeweils ein gemäß § 2247 formwirksames Testament errichtet und der Wille, gemeinsam testieren zu wollen, kommt durch die jeweilige Bezugnahme auf das Testament des anderen ausreichend zum Ausdruck. Daher ist der erforderliche Errichtungszusammenhang nach der h.M. gegeben.

d) Stellungnahme: Gemäß § 2267 können Ehegatten ein gemeinschaftliches Testament auch dadurch in der Form des § 2247 errichten, dass nur einer der Ehegatten die Erklärung eigenhändig schreibt und unterzeichnet und der andere Ehegatte diese Erklärung lediglich mitunterzeichnet. Diese formerleichternde Regelung impliziert, dass im Gegensatz zu dieser Vorgehensweise die Ehegatten auch jeweils ein eigenhändiges Testament zur Errichtung eines gemeinschaftlichen Testaments errichten können. Infolgedessen widerspricht die objektive Theorie, die eine gemeinsame Urkunde verlangt, den gesetzlichen Vorgaben und ist daher abzulehnen.

Da die beiden anderen Auffassungen zum selben Ergebnis gelangen, erübrigt sich insoweit eine Entscheidung des Meinungsstreits.

Der erforderliche Errichtungszusammenhang ist somit gegeben, sodass M und F ein wirksames gemeinschaftliches Testament errichtet haben.

---

47 Brox/Walker § 15 Rn. 1.

48 Röthel § 22 Rn. 15.

Fall 24: Wechselbezügliche Verfügungen

Die Ehegatten M und F errichteten im Jahre 2013 ein formgerechtes gemeinschaftliches Testament. In diesem setzten sie sich gegenseitig zu Alleinerben ein.

Im Mai 2018 verfasste F ein eigenhändiges Testament, in welchem sie ihre Freundin G zu ihrer Alleinerbin bestimmte.

Anfang 2023 stirbt F überraschend bei einem Verkehrsunfall. Wer beerbt die F?

M könnte aufgrund des gemeinschaftlichen Testaments aus dem Jahre 2013 **Alleinerbe** der F gemäß **§§ 1937, 1922** geworden sein.

I. Dazu muss F zunächst ein **wirksames Testament zugunsten des M errichtet** haben.

1. Zum Zeitpunkt der Testamentserrichtung im Jahre 2013 bestand zwischen M und F eine **wirksame Ehe**.

2. Zudem waren die Ehegatten zur Zeit der Errichtung des gemeinschaftlichen Testaments i.S.v. § 2229 **testierfähig**.

3. Die Verfügung der F ist eindeutig auf eine Erbeinsetzung des M gerichtet, sodass der **Inhalt** der Erklärung keiner Auslegung bedarf.

4. Ferner sind Gründe, die der **Wirksamkeit** der Verfügung entgegenstehen, nicht ersichtlich.

5. Schließlich wurde das Testament laut Sachverhalt **formgerecht** errichtet.

Infolgedessen hat F ein wirksames Testament zugunsten des M errichtet.

II. Die Erbeinsetzung des M könnte jedoch **durch Widerruf seitens der F nachträglich beseitigt** worden sein.

Das eigenhändige Testament der F vom Mai 2018, in welchem sie ihre Freundin G zur Alleinerbin bestimmt hat, könnte ein **widersprechendes Testament i.S.v. § 2258** darstellen, durch das die Erbeinsetzung des M widerrufen worden ist.

Der Erblasser kann seine testamentarischen Verfügungen jederzeit und ohne Grund widerrufen, vgl. § 2253. Fraglich ist, ob das auch für Verfügungen von Ehegatten in einem gemeinschaftlichen Testament gilt.

Nicht wechselbezügliche Verfügungen eines gemeinschaftlichen Testaments können vom Ehegatten gemäß §§ 2253 ff. jederzeit frei widerrufen werden.

Wechselbezügliche Verfügungen eines gemeinschaftlichen Testaments kann ein Ehegatte gemäß § 2271 Abs. 2 S. 1 nur zu Lebzeiten des anderen Ehegatten widerrufen und gemäß § 2271 Abs. 1 S. 1 i.V.m. § 2296 nur mittels einer notariell beurkundeten Widerrufserklärung gegenüber dem anderen Ehegatten. Der Widerruf durch eine neue Verfügung von Todes wegen ist bei Lebzeiten des anderen Ehegatten hinsichtlich wechselbezüglicher Verfügungen ausgeschlossen, vgl. § 2271 Abs. 1 S. 2.

Beachte: Wechselbezügliche Verfügungen können nur zu Lebzeiten und nur mittels notariell beurkundeter Widerrufserklärung gegenüber dem anderen Ehegatten widerrufen werden, § 2271 Abs. 1 S. 1 i.V.m. § 2296, § 2271 Abs. 2.

Die Erbeinsetzung des M konnte daher von der F nicht wirksam gemäß §§ 2253, 2258 widerrufen werden, wenn es sich bei dieser Erbeinsetzung in dem gemeinschaftlichen Testament um eine wechselbezügliche Verfügung handelt.

Wechselbezügliche Verfügung = Verfügung, die der eine Ehegatte nur mit Rücksicht auf die Verfügung des anderen Ehegatten getroffen hat.

Wechselbezüglich ist eine Verfügung, die der eine Ehegatte nur mit Rücksicht auf die Verfügung des anderen Ehegatten getroffen hat, wenn also die Verfügung des einen nicht ohne die Verfügung des anderen getroffen sein würde. Die Verfügungen müssen nach dem Willen der Ehegatten so eng miteinander verbunden sein, dass sie nach dem beiderseitigen Willen miteinander stehen und fallen sollen (gegenseitige Abhängigkeit der Verfügungen), vgl. § 2270 Abs. 1.

Gemäß § 2270 Abs. 3 können nur Erbeinsetzung, Vermächtnis, Auflage und die Wahl des anzuwendenden Erbrechts wechselbezügliche Verfügungen sein.

Ob die Erbeinsetzung des M eine wechselbezügliche Verfügung darstellt, muss **durch Auslegung** des Willens der beiden Erblasser M und F ermittelt werden.

Mangels Auslegungsanhaltspunkte im Sachverhalt darf auf die gesetzliche Auslegungsregel des § 2270 Abs. 2 zurückgegriffen werden.

Danach liegt im Zweifel eine wechselbezügliche Verfügung u.a. vor, wenn die Ehegatten sich gegenseitig bedenken.

M und F haben sich in dem gemeinschaftlichen Testament gegenseitig zu Erben eingesetzt und sich folglich gegenseitig bedacht. Demnach handelt es sich bei der Erbeinsetzung des M gemäß § 2270 Abs. 2, 1. Fall um eine wechselbezügliche Verfügung.

F konnte daher gemäß § 2271 Abs. 1 S. 2 die Erbeinsetzung des M nicht durch eine neue Verfügung von Todes wegen widerrufen, sondern sie hätte gemäß § 2271 Abs. 1 S. 1 i.V.m. § 2296 eine notariell beurkundete Widerrufserklärung gegenüber M abgeben müssen.

Das eigenhändige Testament der F vom Mai 2018 stellt daher keinen wirksamen Widerruf der Erbeinsetzung des M gemäß §§ 2253, 2258 dar, sodass die Erbeinsetzung des M nicht nachträglich beseitigt worden ist.

M ist demzufolge aufgrund des gemeinschaftlichen Testaments aus dem Jahre 2013 **Alleinerbe** der F gemäß **§§ 1937, 1922** geworden.

Fall 25: Umdeutung eines unwirksamen gemeinschaftlichen Testaments in ein Einzeltestament

(nach OLG München RÜ 2014, 696)

Erblasser E ist im Februar 2023 im Alter von 86 Jahren verstorben. Er war zu Lebzeiten mit der F (geboren 1935) verheiratet. Aus der 1963 geschlossenen Ehe stammt der gemeinsame Sohn S (geboren 1965).

Die Ehegatten bewohnten ein wertvolles Hausgrundstück, das im Alleineigentum des E stand. Im Mai 2019 hatten die Ehegatten diesbzgl. mit ihrem Sohn S einen Überlassungsvertrag mit Pflichtteilsverzicht geschlossen. Ferner liegt ein notarielles gemeinschaftliches Testament vom 09.03.2020 vor, das auf Initiative des E errichtet wurde und auszugsweise wie folgt lautet:

"III. Gegenseitige Alleinerbeneinsetzung: Wir setzen uns hiermit gegenseitig zu Alleinerben ein. ...

V. Schlusserbeneinsetzung, Vor- und Nacherbschaft, Vorausvermächtnis: (1) Der Überlebende von uns setzt unseren Sohn ... zu seinem alleinigen Erben ein.

VIII. Wechselbezüglichkeit: Die Verfügungen in Ziffer III. bis VII. dieser Urkunde sind wechselbezüglich."

S hat am 21.05.2023 einen Teilerbschein aufgrund gesetzlicher Erbfolge beantragt, der ihn als Miterben zu 1/2 neben seiner Mutter ausweist. Das Testament vom 09.03.2020 sei unwirksam, weil seine Mutter zum Zeitpunkt der Testamentserrichtung aufgrund fortgeschrittener Demenz testierunfähig gewesen sei. Die Nichtigkeit der Willenserklärungen der Ehefrau habe die Unwirksamkeit der Erklärungen des Erblassers einschließlich der Erbeinsetzung der Ehefrau zur Folge.

Wird das Nachlassgericht dem S einen Teilerbschein erteilen, der ihn als Miterben zu 1/2 neben seiner Mutter ausweist, wenn die F zur Zeit der Testamentserrichtung tatsächlich testierunfähig gewesen ist?

Das Nachlassgericht wird S einen Teilerbschein erteilen, der ihn als Miterben zu 1/2 neben seiner Mutter ausweist, wenn die formellen und materiellen Voraussetzungen gemäß § 2353 i.V.m. §§ 352 ff. FamFG erfüllt sind.

A. Der in **formeller Hinsicht** gemäß § 2353 i.V.m. § 352 FamFG **erforderliche Antrag** an das Nachlassgericht wurde durch S gestellt.

Nachlassgericht = Amtsgericht, in dessen Bezirk der Erblasser zur Zeit des Erbfalls seinen gewöhnlichen Aufenthalt hatte, § 23 a Abs. 1 S. 1 Nr. 2, Abs. 2 Nr. 2 GVG, § 343 Abs. 1 FamFG.

B. Materielle Voraussetzung für die Erteilung des von S beantragten Teilerbscheins ist, dass das Nachlassgericht es für festgestellt erachtet, dass S Miterbe des E zu 1/2 neben seiner Mutter geworden ist, § 2353, § 352 e Abs. 1 FamFG.

S könnte gemäß § 1924 Abs. 1 gesetzlicher Miterbe des E zu 1/2 geworden sein. Die gesetzliche Erbfolge ist jedoch nur einschlägig, wenn der Erblasser keine wirksame Verfügung von Todes wegen errichtet hat oder die wirksame Verfügung von Todes wegen keine Erbeinsetzung enthält.

E könnte mit dem gemeinschaftlichen Testament vom 09.03.2020 seine Ehefrau F zu seiner testamentarischen Alleinerbin eingesetzt haben.

I. Das **gemeinschaftliche Testament vom 09.03.2020**, in dem sich E und F gegenseitig zu Alleinerben eingesetzt haben, ist jedoch wegen Testierunfähigkeit der F zur Zeit der Testamentserrichtung **unwirksam, § 2229 Abs. 4**.

II. Eventuell kann das unwirksame gemeinschaftliche Testament im Wege der **Umdeutung gemäß § 140 als Einzeltestament aufrechterhalten** werden.

Eine als gemeinschaftliches Testament unwirksame letztwillige Verfügung kann im Wege der Umdeutung als einseitige letztwillige Verfügung aufrechterhalten werden. Das gilt nicht nur dann, wenn es an den formellen Voraussetzungen fehlt (wie etwa bei Nichtehegatten), sondern auch, wenn wegen Testierunfähigkeit eines Ehegatten ein gemeinschaftliches Testament nicht wirksam errichtet wurde. **Eine Umdeutung kann auch hinsichtlich solcher Verfügungen vorgenommen werden, die zu einer Verfügung des anderen Ehegatten wechselbezüglich im Sinne des § 2270 sein können.**[49] Maßgeblich ist, dass der Erblasser auch in Kenntnis der unwirksamen oder fehlenden entsprechenden Verfügung des anderen Testierenden seine eigene Verfügung zu dessen Gunsten treffen wollte. § 2270 Abs. 1, der bestimmt, dass bei wechselbezüglichen Verfügungen in einem gemeinschaftlichen Testament die Nichtigkeit oder der Widerruf der einen Verfügung die Unwirksamkeit der anderen zur Folge hat, steht der Umdeutung nicht entgegen, da diese Vorschrift nicht zwingend ist; es steht den Testierenden frei, die an die Nichtigkeit einer wechselbezüglichen Verfügung geknüpfte Rechtsfolge abzumildern oder auszuschließen. Ein solcher Wille kann auch **durch Auslegung** ermittelt werden.

Die Ehegatten E und F waren seit 1963 verheiratet. Das von ihnen gemeinsam bewohnte wertvolle Hausgrundstück stand im Alleineigentum des Ehemannes. Mit ihrem einzigen Sohn hatten die Ehegatten im Mai 2019 einen Überlassungsvertrag mit Pflichtteilsverzicht abgeschlossen. Diese Umstände legen nahe, dass es dem Erblasser E bei Errichtung des Testaments vom 09.03.2020 vorrangig darum ging, seine Ehefrau zu versorgen und abzusichern. Es erscheint fernliegend, dass E es bei Kenntnis von der Testierunfähigkeit seiner Ehefrau vorgezogen hätte, die gesetzliche Erbfolge eintreten zu lassen, bei der seine Ehefrau nur Miterbin zur Hälfte geworden wäre. Auch sind keine konkreten tatsächlichen Anhaltspunkte dafür vorhanden, dass der Erblasser es abgelehnt hätte, eine eigene letztwillige Verfügung ohne eine entsprechende Verfügung seiner Ehefrau zu treffen. Folglich hätte E, wenn er gewusst hätte, dass wegen der Testierunfähigkeit seiner Ehefrau eine gemeinschaftliche letztwillige Verfügung mit einer gegenseitigen Erbeinsetzung nicht wirksam getroffen werden konnte, seine Ehefrau durch testamentarische Verfügung zur Alleinerbin eingesetzt.

Somit kann das unwirksame gemeinschaftliche Testament in ein wirksames Einzeltestament umgedeutet werden, sodass F gemäß §§ 1937, 1922 testamentarische Alleinerbin des E geworden ist. Folglich wird das Nachlassgericht dem S mangels (Mit-)Erbenstellung keinen Erbschein erteilen.

---

49 Grüneberg/Weidlich § 2265 Rn. 3 m.w.N.

Fall 26: Berliner Testament – § 2287 analog

Die Ehegatten M und F haben 2000 formgültig ein gemeinschaftliches Testament errichtet, in dem sie sich gegenseitig zu Alleinerben einsetzten und bestimmten, dass nach dem Tode des Letztversterbenden der gemeinsame Sohn S das Vermögen erhalten soll.

M stirbt 2010. Im Jahre 2015 lernt F den 20 Jahre jüngeren K kennen und lebt seitdem mit ihm zusammen. S sieht darin einen Vertrauensbruch gegenüber seinem verstorbenen Vater und hält den K zudem für einen „Erbschleicher". Es kommt in der Folgezeit wiederholt zu heftigem Streit zwischen F und S. 2018 errichtet F formgültig ein privatschriftliches Testament, in dem sie K zu ihrem Alleinerben beruft. Zudem schenkt sie im Jahre 2019 dem K wertvollen Schmuck, der M gehört hat, um ihren uneinsichtigen Sohn zu ärgern. Im Juni 2023 verstirbt F.

1. Wer beerbt die F?

2. Kann S von K Herausgabe des Schmucks verlangen?

Frage 1: Wer beerbt die F?

S könnte aufgrund des gemeinschaftlichen Testaments von 2000 **testamentarischer Alleinerbe der F gemäß §§ 1937, 1922** geworden sein.

A. Dazu muss F zunächst eine **wirksame Verfügung zugunsten des S errichtet** haben.

I. Zum Zeitpunkt der Testamentserrichtung bestand zwischen M und F eine **wirksame Ehe** und es ist mangels gegenteiliger Sachverhaltsangaben von der **Testierfähigkeit** der Ehegatten gemäß § 2229 auszugehen.

II. Das Testament hat den **Inhalt**, dass die Ehegatten sich gegenseitig zu Erben eingesetzt haben und S nach dem Tod des Letztversterbenden das Vermögen der Ehegatten erhalten soll. Unabhängig von der Frage, ob sich die Ehegatten zu Voll- oder Vorerben eingesetzt haben, sollte der S also auf jeden Fall den Letztversterbenden beerben.

III. Ferner sind Gründe, die der **Wirksamkeit** der Verfügung entgegenstehen, nicht ersichtlich und das Testament ist **formgültig** errichtet worden.

Demnach hat F mit dem gemeinschaftlichen Testament von 2000 eine wirksame Verfügung zugunsten des S errichtet.

B. F könnte die Erbeinsetzung des S **nachträglich beseitigt** haben.

Das privatschriftliche Testament von 2018, durch das sie K zum Alleinerben bestimmt hat, könnte ein Widerruf durch widersprechendes Testament **gemäß §§ 2253, 2258** sein.

Dazu muss das Testament zugunsten des K wirksam sein. Die in diesem Testament enthaltene Verfügung von Todes wegen könnte **analog § 2289 Abs. 1 S. 2 unwirksam sein**.

I. Es müssen die **Analogievoraussetzungen** gegeben sein.

Merke: Analogievoraussetzungen sind in einer Klausur zu prüfen; Analogie darf nicht einfach nur behauptet werden.

1. Die §§ 2265 ff. enthalten keine dem § 2289 Abs. 1 S. 2 vergleichbare Regelung und es ist nicht davon auszugehen, dass der Gesetzgeber bei vergleichbarer Interessenlage eine bewusst unterschiedliche Regelung angestrebt hat, sodass eine **planwidrige Regelungslücke** vorhanden ist.

2. Eine Analogie erfordert ferner eine **vergleichbare Interessenlage**.

§ 2289 Abs. 1 S. 2 dient beim Erbvertrag dem Zweck, die erbrechtliche Bindung vertragsmäßiger Verfügungen vor einer Aushöhlung durch neue Verfügungen von Todes wegen zu schützen.

Eine vergleichbare Interessenlage besteht daher beim gemeinschaftlichen Testament, wenn es auch dort eine erbrechtliche Bindung gibt, die entsprechend vor einer Aushöhlung durch neue Verfügungen von Todes wegen geschützt werden muss.

Beachte: Da mit dem Tod des anderen Ehegatten das Recht zum Widerruf wechselbezüglicher Verfügungen erlischt, besteht ab dann eine erbrechtliche Bindung.

Gemäß § 2271 Abs. 2 S. 1 kann ein Ehegatte seine wechselbezüglichen Verfügungen nach dem Tod des anderen Ehegatten nicht mehr widerrufen; damit ist ab diesem Zeitpunkt eine erbrechtliche Bindung gegeben, sodass es auch beim gemeinschaftlichen Testament eine mit dem Erbvertrag vergleichbare, erbrechtliche Bindung geben kann.

Maßgeblich ist jedoch, ob auch **im konkreten Fall** eine erbrechtliche Bindung gegeben ist: M ist im Jahre 2010 verstorben. Ob die Erbeinsetzung des S wechselbezüglich ist, muss durch Auslegung ermittelt werden. Mangels ausreichender Sachverhaltsangaben darf auf die **gesetzliche Auslegungsregel des § 2270 Abs. 2 Fall 2** zurückgegriffen werden. Da dem einen Ehegatten (F) von dem anderen Ehegatten (M) eine Zuwendung (Erbeinsetzung) gemacht worden ist und für den Fall des Überlebens der F eine Verfügung zugunsten des S getroffen worden ist, also zugunsten einer Person, die mit dem anderen Ehegatten (M) verwandt ist, ist davon auszugehen, dass die Erbeinsetzung des S eine wechselbezügliche Verfügung ist.

Damit liegt auch im konkreten Fall eine erbrechtliche Bindung vor, die vor einer Aushöhlung durch neue Verfügungen von Todes wegen abgesichert werden muss, sodass eine vergleichbare Interessenlage gegeben ist und somit die Analogievoraussetzungen vorliegen.

II. Die **Voraussetzungen des § 2289 Abs. 1 S. 2 analog** müssen vorliegen.

Danach ist eine Verfügung von Todes wegen unwirksam, wenn dadurch das Recht eines im gemeinschaftlichen Testament wechselbezüglich Bedachten beeinträchtigt wird.

Die Verfügung zugunsten von S wurde wechselbezüglich getroffen (s.o.) und das neue Testament zugunsten des K beeinträchtigt die Rechtsposition von S, da dieser danach nicht mehr Erbe wird.

Somit ist die neue testamentarische Verfügung der F zugunsten des K analog § 2289 Abs. 1 S. 2 unwirksam und daher kein wirksamer Widerruf gemäß §§ 2253, 2258.

Demnach ist S aufgrund des gemeinschaftlichen Testaments von 2000 testamentarischer Alleinerbe der F gemäß §§ 1937, 1922 geworden.

Frage 2: Kann S von K Herausgabe des Schmucks verlangen?

A. S könnte gegen K ein Herausgabeanspruch gemäß **§ 2018** zustehen.

S ist aufgrund der Verfügung im gemeinschaftlichen Testament Alleinerbe des M geworden. Jedoch hat K den Schmuck nicht aufgrund eines vermeintlichen Erbrechts in Besitz genommen, sondern er hat es von F durch lebzeitige Schenkung erhalten, sodass er kein Erbschaftsbesitzer ist und S folglich gegen K kein Herausgabeanspruch aus § 2018 zusteht.

B. S könnte gegen K ein Anspruch auf Herausgabe gemäß **§ 985** zustehen.

Ein Herausgabeanspruch aus § 985 steht S nur zu, wenn er **Eigentümer** des Schmucks ist. Er könnte das Eigentum an dem Schmuck gemäß § 1922 als Erbe der F mit deren Tod erworben haben.

S ist aufgrund der Verfügung im gemeinschaftlichen Testament Alleinerbe der F geworden und gemäß § 1922 Abs. 1 geht das Vermögen des Erblassers als Ganzes auf den Erben über.

S hat daher das Eigentum an dem Schmuck gemäß § 1922 Abs. 1 erworben, wenn F zum Zeitpunkt ihres Todes Eigentümerin des Schmucks war.

I. Ursprünglich war M Eigentümer des Schmucks, F hat den M jedoch aufgrund der Anordnungen des gemeinschaftlichen Testaments beerbt, sodass sie mit dessen Tod im Jahre 2010 gemäß § 1922 Abs. 1 Eigentümerin des Schmucks geworden ist.

II. F könnte das Eigentum jedoch durch **lebzeitige Übereignung an K gemäß § 929 S. 1** verloren haben.

1. F und K haben sich **wirksam** über den Eigentumsübergang **geeinigt**. F hat den Schmuck auch an K **übergeben** und F und K waren sich zur Zeit der Übergabe auch weiterhin über den Eigentumsübergang einig.

2. F muss zur Übereignung **berechtigt** gewesen sein. Das ist der Fall, wenn sie verfügungsbefugte Eigentümerin des Schmucks war.

a) F war **Eigentümerin** des Schmucks.

b) Die **Verfügungsbefugnis** der F könnte wegen der Anordnungen im gemeinschaftlichen Testament von 2000 eingeschränkt gewesen sein. Sie könnte davon abhängen, ob M die F in dem gemeinschaftlichen Testament zur Vor- oder zur Vollerbin berufen hat.

Sollte F in dem gemeinschaftlichen Testament zur Vollerbin eingesetzt worden sein, wäre sie uneingeschränkt verfügungsbefugt.

Sollte F im gemeinschaftlichen Testament zur Vorerbin berufen sein, so werden gemäß § 2113 Abs. 1, 2 bestimmte Verfügungen des Vorerben **mit Eintritt des Nacherbfalls** unwirksam; d.h. diese Verfügungen sind zunächst wirksam, sie werden aber mit dem Eintritt des Nacherbfalls unwirksam. Folglich wäre F auch als Vorerbin verfügungsbefugt.

Vorerbe: Person, die vom Zeitpunkt des Erbfalls bis zum Eintritt des Nacherbfalls Erbe wird; danach geht die Erbschaft auf den **Nacherben** über.

Daher kann an dieser Stelle die Auslegung der Erbenstellung noch dahinstehen, da F sowohl als Voll- als auch als Vorerbin verfügungsbefugt ist.

Demnach war F zur Eigentumsübertragung berechtigt, sodass K das Eigentum am Schmuck gemäß § 929 S. 1 von F im Jahre 2019 erworben hat.

III. Die Verfügung der F könnte jedoch **mit ihrem Tod im Juni 2023 unwirksam geworden** sein.

Gemäß § 2113 Abs. 2 werden unentgeltliche Verfügungen des Vorerben über Erbschaftsgegenstände, die das Recht des Nacherben beeinträchtigen, mit dem Eintritt des Nacherbfalls unwirksam. Der Nacherbfall tritt gemäß § 2106 Abs. 1 im Zweifel mit dem Tod des Vorerben ein.

Sollte F im gemeinschaftlichen Testament von 2000 zur Vorerbin des M eingesetzt worden sein, könnte die Übereignung des Schmucks an K gemäß § 2113 Abs. 2 mit dem Tod der F unwirksam geworden sein.

Fraglich ist daher, ob F in dem gemeinschaftlichen Testament zur Vorerbin oder zur Vollerbin des M eingesetzt wurde.

Berliner Testament: Gemeinschaftliches Testament, bei dem sich die Ehegatten gegenseitig zu Erben einsetzen und gleichzeitig einen Dritten zum Erben des Längstlebenden bestimmen.

Ersatzerbe: Person, die nur Erbe werden soll, wenn eigentlicher Erbe vor oder nach dem Eintritt des Erbfalls wegfällt, vgl. § 2096.

Beachte: Gemäß § 2269 gilt beim Berliner Testament im Zweifel, d.h. wenn die konkrete Auslegung kein anderes Ergebnis ergibt, das Einheitsprinzip.

Bei einem gemeinschaftlichen Testament, bei dem sich die Ehegatten gegenseitig zu Erben einsetzen und gleichzeitig einen Dritten zum Erben des Längstlebenden bestimmen (sogenanntes **Berliner Testament**), bestehen zwei Gestaltungsmöglichkeiten:

1. Beim sogenannten **Trennungsprinzip** setzt jeder Ehegatte den anderen zum Vorerben und den Dritten zum Nacherben sowie für den Fall, dass der andere Ehegatte zuerst sterben sollte, zum Ersatzerben ein.

2. Beim sogenannten **Einheitsprinzip** setzt jeder Ehegatte den anderen zum Vollerben ein und für den Fall, dass der andere Ehegatte vor ihm sterben sollte, den Dritten zum Ersatzerben.

3. Ob die Ehegatten bei einem Berliner Testament die Trennungs- oder Einheitslösung gewollt haben, ist durch **Auslegung** zu ermitteln.

Mangels Angaben im Sachverhalt darf auf die **gesetzliche Auslegungsregel des § 2269** zurückgegriffen werden. Danach ist im Zweifel anzunehmen, dass der überlebende Ehegatte voll erbt und daher auch die Erbmasse mit seinem übrigen Vermögen verschmilzt (Einheitsprinzip). Infolgedessen haben M und F sich gemäß § 2269 gegenseitig zu Vollerben eingesetzt.

Somit war F keine Vorerbin, sodass die Vorschrift des § 2113 Abs. 2 keine Anwendung findet und daher die Übereignung des Schmucks an K nicht mit dem Tode der F unwirksam geworden ist.

Demnach ist K Eigentümer des Schmucks, sodass F zum Zeitpunkt ihres Todes nicht mehr Eigentümerin war. Folglich ist S nicht gemäß § 1922 mit dem Tod der F Eigentümer des Schmucks geworden.

Mangels Eigentümerstellung des S steht ihm daher kein Anspruch auf Herausgabe des Schmucks gegen K aus § 985 zu.

C. S könnte gegen K ein Anspruch auf Herausgabe des Schmucks gemäß **§ 812 Abs. 1 S. 1 Alt. 1** zustehen.

I. K hat Eigentum und Besitz am Schmuck und damit einen Vermögensvorteil, also **etwas** i.S.v. § 812 erlangt.

II. Diese Rechtspositionen muss K **durch Leistung der F** erlangt haben.

Leistung i.S.v. § 812 Abs. 1 S. 1 Alt. 1 ist jede bewusste und zweckgerichtete Mehrung fremden Vermögens zur Erfüllung einer – wenn auch nur vermeintlichen – Verbindlichkeit.

F hat das Vermögen des K durch die Übereignung des Schmucks bewusst gemehrt, um ihr Schenkungsversprechen zu erfüllen. Demnach liegt eine Leistung der F vor. In diese Position des Leistenden rückt allerdings der S als ihr Erbe gemäß § 1922 ein, sodass eine Leistung durch S gegeben ist.

III. F und K haben sich jedoch wirksam i.S.v. §§ 516, 518 geeinigt, sodass ein wirksamer Schenkungsvertrag und somit ein **Rechtsgrund** gegeben ist.

Ein Herausgabeanspruch aus § 812 Abs. 1 S. 1 Alt. 1 scheidet daher aus.

D. S könnte gegen K ein Anspruch auf Herausgabe des Schmucks **analog § 2287 Abs. 1 i.V.m. §§ 812 ff.** zustehen.

I. Dazu müssen die **Analogievoraussetzungen** gegeben sein.

1. Die §§ 2265 ff. enthalten keine dem § 2287 vergleichbare Regelung und es ist nicht davon auszugehen, dass der Gesetzgeber bei vergleichbarer Interessenlage eine bewusst unterschiedliche Regelung angestrebt hat, sodass eine **planwidrige Regelungslücke** vorhanden ist.

2. Eine Analogie erfordert ferner eine **vergleichbare Interessenlage**.

§ 2287 dient beim Erbvertrag dem Zweck, die erbrechtliche Bindung vertragsmäßiger Verfügungen vor einer Aushöhlung durch lebzeitige Rechtsgeschäfte, die dem Erblasser gemäß § 2286 möglich sind, zu schützen.

Die Erbeinsetzung des S erfolgte wechselbezüglich (s.o.) und M ist im Jahre 2010 gestorben, sodass das Recht zum Widerruf dieser Verfügung gemäß § 2271 Abs. 2 S. 1 erloschen ist. Infolgedessen besteht eine dem Erbvertrag vergleichbare erbrechtliche Bindung und folglich auch eine vergleichbare Interessenlage, sodass die Analogievoraussetzungen vorliegen.

II. Ferner müssen die **Voraussetzungen des § 2287 analog** gegeben sein.

1. F hat eine **Schenkung** an K vorgenommen (s.o.).

2. Erbe S muss durch die Schenkung **objektiv benachteiligt** worden sein.

Grundsätzlich stellt jede Schenkung durch den Erblasser eine objektive Beeinträchtigung dar, weil bei einer Schenkung keine Gegenleistung in das Vermögen zurückfließt. Die Regelung des § 2287 will den Erben jedoch nur davor schützen, dass der Erblasser die Bindungswirkung erbrechtlicher Verfügungen durch lebzeitige Rechtsgeschäfte unterläuft.[50] Infolgedessen wird der im gemeinschaftlichen Testament berufene Erbe nur durch solche Schenkungen objektiv benachteiligt, die eine bindend gewordene erbrechtliche Verfügung beeinträchtigen.

Die Erbenstellung des S ist nach dem Tod des M bindend geworden und wird durch die unentgeltliche Schenkung beeinträchtigt, sodass eine objektive Beeinträchtigung gegeben ist.

3. Der Erblasser muss die Schenkung schließlich gemacht haben, **um den Erben zu beeinträchtigen**.

Nach ständiger Rechtsprechung ist diese Beeinträchtigungsabsicht grundsätzlich bei einer Schenkung immer anzunehmen, es sei denn, der Erblasser hat ein lebzeitiges Eigeninteresse an der Schenkung. Ein lebzeitiges Interesse liegt vor, wenn die Schenkung in Anbetracht der Umstände als billigenswert und gerechtfertigt erscheint, also z.B. bei sogenannten Pflicht- und Anstandsschenkungen.

Ein derartiges lebzeitiges Eigeninteresse der F ist nicht ersichtlich, sodass die erforderliche Beeinträchtigungsabsicht gegeben ist.

III. Als **Rechtsfolge** kann der Erbe nach Anfall der Erbschaft die Herausgabe des Geschenkten nach den Vorschriften des Bereicherungsrechts verlangen. Daher kann der S von K Herausgabe des Schmucks analog § 2287 i.V.m. §§ 812 ff. verlangen.

---

50 Grüneberg/Weidlich § 2287 Rn. 1.

Fall 27: Berliner Testament mit Wiederverheiratungsklausel

Die Eheleute M und F haben sich 2007 in einem formgerecht errichteten gemeinschaftlichen Testament gegenseitig zu Erben eingesetzt und bestimmt, dass nach dem Tod des Längstlebenden ihre Tochter T erben soll. Ferner war geregelt, dass T den Nachlass des erstversterbenden Ehegatten sofort erhalten soll, falls der überlebende Ehegatte erneut heiratet.

Der M verstirbt 2016. Im Jahre 2022 heiratet F den X. T möchte wissen, wem der Nachlass ihres Vaters M nach der Wiederheirat ihrer Mutter zusteht.

Der Nachlass des M könnte der T gemäß **§ 2139** mit der Wiederheirat der F im Jahre 2022 zugefallen sein.

Gemäß § 2139 fällt die Erbschaft mit dem Eintritt des Nacherbfalls dem Nacherben an. T ist folglich der Nachlass des M gemäß § 2139 mit der Wiederheirat der F angefallen, wenn sie zur Nacherbin des M berufen und der Nacherbfall mit der Wiederheirat eingetreten ist.

A. T könnte durch das gemeinschaftliche Testament von M und F aus dem Jahre 2007 zur **Nacherbin** des M berufen sein.

Dann muss das gemeinschaftliche Testament wirksam errichtet worden sein und den Inhalt haben, dass T zur Nacherbin des M berufen ist.

I. M und F waren 2007 – zum Zeitpunkt der Testamentserrichtung – i.S.v. § 2229 **testierfähig**.

II. Das gemeinschaftliche Testament von M und F muss eine Nacherbeneinsetzung der T bzgl. des Vermögens des M zum **Inhalt** haben.

Die Ehegatten haben 2007 ein sogenanntes *Berliner Testament* errichtet, indem sie sich gegenseitig zu Erben eingesetzt und bestimmt haben, dass nach dem Tod des Längstlebenden die T erben soll.

Nach der **gesetzlichen Auslegungsregel des § 2269**, die mangels konkreter Anhaltspunkte für eine Auslegung des gemeinschaftlichen Testaments herangezogen werden darf, haben sich M und F daher gegenseitig zu Vollerben eingesetzt und die T zur Ersatzerbin berufen (sogenanntes ***Einheitsprinzip***).

Bedeutung einer Wiederverheiratungsklausel beim Trennungsprinzip: Nacherbfall tritt bereits mit Wiederheirat ein.

Nach der im gemeinschaftlichen Testament der Ehegatten enthaltenen **Wiederverheiratungsklausel** soll T den Nachlass des Erstversterbenden sofort erhalten, falls der überlebende Ehegatte erneut heiratet. D.h. der Nachlass des Erstversterbenden soll mit dessen Tod zunächst dem überlebenden Ehegatten anfallen, er muss die Erbschaft jedoch an T herausgeben, wenn er wieder heiratet. Fraglich ist, welche Auswirkungen diese Vereinbarung auf die erbrechtliche Position der Beteiligten hat.

Die Vollerbschaft des überlebenden Ehegatten soll nach der Vereinbarung der Ehegatten enden, wenn der überlebende Ehegatte nach dem Tod des Erstversterbenden erneut heiratet; folglich ist die **Vollerbschaft** des überlebenden Ehegatten **auflösend bedingt durch die Wiederheirat**.

Wenn der überlebende Ehegatte erneut heiratet, soll der Nachlass des Erstversterbenden in diesem Moment an T fallen. D.h. die Erbschaft geht erst an den überlebenden Ehegatten, fällt aber mit dessen Wiederheirat an T. Der Erstversterbende hat also für den Fall der Wiederheirat mehrere Personen zeitlich nacheinander zur Erbfolge berufen, demnach **eine durch die Wiederheirat aufschiebend bedingte Vor- und Nacherbschaft** angeordnet.

Bedeutung einer Wiederverheiratungsklausel beim Einheitsprinzip: Überlebender Ehegatte ist auflösend bedingter Vollerbe und zugleich aufschiebend bedingter Vorerbe und der Dritte ist aufschiebend bedingter Nacherbe.

Folglich ist F als überlebende Ehegattin auflösend bedingte Vollerbin und zugleich aufschiebend bedingte Vorerbin, und T ist aufschiebend bedingte Nacherbin.

Infolgedessen enthält das gemeinschaftliche Testament von 2007 eine aufschiebend bedingte Nacherbeneinsetzung der T im Hinblick auf den Nachlass des M. Die aufschiebende Bedingung ist mit der Wiederheirat der F im Jahre 2022 eingetreten.

III. Der Verfügung stehen **weder Unwirksamkeits- noch Nichtigkeitsgründe** entgegen.

IV. Die Ehegatten haben das gemeinschaftliche Testament 2007 auch **formgerecht** errichtet.

T ist demzufolge durch das gemeinschaftliche Testament von M und F aus dem Jahre 2007 wirksam zur Nacherbin des M berufen.

B. Ferner muss der **Nacherbfall** eingetreten sein.

Der Erblasser kann den Zeitpunkt oder das Ereignis, mit dem die Nacherbfolge eintreten soll, frei bestimmen. Aus der im gemeinschaftlichen Testament enthaltenen Wiederverheiratungsklausel ergibt sich, dass der Nacherbfall mit der Wiederheirat des überlebenden Ehegatten eintreten soll. Daher ist der Nacherbfall im Jahr 2022, als F den X geheiratet hat, eingetreten.

Beachte: Hat Erblasser Zeitpunkt oder Ereignis, mit dem der Nacherbfall eintreten soll, nicht bestimmt, so tritt der Nacherbfall mit Tod des Vorerben ein, § 2106 Abs. 1.

Demzufolge ist der Nachlass des M der T gemäß § 2139 mit der Wiederheirat der F im Jahre 2022 zugefallen.

Abwandlung:

F errichtet Anfang 2023 ein formgerechtes eigenhändiges Testament, in welchem sie den X zu ihrem Alleinerben bestimmt.

F stirbt im Herbst 2023. Ist X Erbe der F geworden?

X könnte gemäß **§§ 1937, 1922** testamentarischer Alleinerbe der F geworden sein.

A. Dazu muss F ein **wirksames Testament zugunsten des X errichtet** haben.

I. F war **testierfähig** i.S.v. § 2229, als sie Anfang 2023 ein neues Testament errichtet hat.

II. Dem Testament der F aus dem Jahre 2023 ist deutlich zu entnehmen, dass F den X zu ihrem Alleinerben berufen möchte, sodass die Verfügung keiner Auslegung bedarf.

III. Die Erbeinsetzung des X könnte **analog § 2289 Abs. 1 S. 2** unwirksam sein.

1. Dazu müssen die **Analogievoraussetzungen** gegeben sein.

Beachte: § 2271 Abs. 1 S. 2 greift vorliegend nicht, da F ihr Testament erst nach dem Tod des M errichtet hat.

a) Die §§ 2265 ff. enthalten keine dem § 2289 vergleichbare Regelung und es ist nicht ersichtlich, dass der Gesetzgeber bei vergleichbarer Interessenlage eine bewusst unterschiedliche Regelung angestrebt hat, sodass eine **planwidrige Regelungslücke** gegeben ist.

b) Eine Analogie erfordert ferner eine **vergleichbare Interessenlage**.

§ 2289 Abs. 1 S. 2 regelt beim Erbvertrag die Folgen der erbvertraglichen Bindung für die Testierfreiheit des Erblassers. Der Erblasser kann zum Schutze des Vertragspartners vertragsmäßige Verfügungen, durch die er eine vertragliche Bindung begründet hat, nicht durch eine neue Verfügung von Todes wegen einseitig aufheben.

Eine vergleichbare Interessenlage besteht daher beim gemeinschaftlichen Testament, wenn es auch dort eine erbrechtliche Bindung gibt, gegen deren einseitige Aufhebung der Bedachte geschützt werden muss.

Gemäß § 2271 Abs. 2 S. 1 kann ein Ehegatte seine wechselbezüglichen Verfügungen im gemeinschaftlichen Testament nach dem Tod des anderen Ehegatten nicht mehr widerrufen; damit ist ab diesem Zeitpunkt eine erbrechtliche Bindung gegeben, gegen deren einseitige Aufhebung der Bedachte geschützt werden muss.

Die Analogievoraussetzungen müssen auch im konkreten Fall gegeben sein:

Der M ist im Jahre 2016 verstorben. Ob die Erbeinsetzung der T wechselbezüglich ist, muss **durch Auslegung** ermittelt werden. Mangels ausreichender Anhaltspunkte im Sachverhalt darf dabei auf die **gesetzliche Auslegungsregel des § 2270 Abs. 2 Fall 2** zurückgegriffen werden. Da vorliegend dem einen Ehegatten (F) von dem anderen Ehegatten (M) eine Zuwendung (Erbeinsetzung) gemacht und für den Fall des Überlebens der F eine Verfügung zugunsten der T getroffen worden ist, also zugunsten einer Person, die mit dem anderen Ehegatten (M) verwandt ist, ist davon auszugehen, dass die Erbeinsetzung der T eine wechselbezügliche Verfügung ist.

Damit liegt mit dem Tod des M im Jahre 2016 zunächst eine erbrechtliche Bindung vor, gegen deren einseitige Aufhebung der Bedachte geschützt werden muss.

Die erbrechtliche Bindung der F an die Erbeinsetzung der T könnte jedoch mit ihrer Wiederheirat im Jahre 2022 entfallen sein.

Merke: Str., ob Wiederheirat auflösende Bedingung für Erbeinsetzung des Dritten für den Tod des Längstlebenden ist.

Wie sich die Wiederheirat des überlebenden Ehegatten auf die im gemeinschaftlichen Testament enthaltene Schlusserbeneinsetzung des Dritten für den Tod des Längstlebenden auswirkt, wird nicht einheitlich beurteilt.

aa) Nach einer Ansicht entfällt die Schlusserbeneinsetzung des Dritten für den Tod des Längstlebenden automatisch mit der Wiederheirat, da sie auflösend bedingt sei.[51]

---

51 Leipold Rn. 450.

Danach ist die Erbeinsetzung der T für den Fall des Todes ihrer Mutter mit der Wiederheirat von selbst gegenstandslos geworden.

bb) Nach a.A. entfällt mit der Wiederheirat die Schlusserbeneinsetzung des Dritten für den Tod des Längstlebenden nicht automatisch, der überlebende Ehegatte sei aber an diese Verfügung nicht mehr erbrechtlich gebunden, sondern könne sie frei widerrufen.[52]

Nach dieser Ansicht entfällt zumindest die erbrechtliche Bindung der F an die Erbeinsetzung der T.

cc) Beide Auffassungen sind sich im Ergebnis darüber einig, dass der überlebende Ehegatte nach der Wiederheirat nicht mehr an die Schlusserbeneinsetzung des Dritten gebunden ist, sodass sich eine **Entscheidung des Meinungsstreits erübrigt**.

Daher besteht für F, nachdem sie den X 2022 geheiratet hat, keine erbrechtliche Bindung bzgl. der Erbeinsetzung der T, gegen deren einseitige Aufhebung die T geschützt werden muss.

Insofern ist im konkreten Fall keine vergleichbare Interessenlage gegeben, sodass die Analogievoraussetzungen nicht vorliegen.

2. Demnach ist die Erbeinsetzung des X nicht analog § 2289 Abs. 1 S. 2 unwirksam.

IV. Das Testament wurde auch **formgerecht** gemäß §§ 2231 Nr. 2, 2247 verfasst, sodass F ein wirksames Testament zugunsten des X errichtet hat.

B. F hat die Verfügung zugunsten des X auch **nicht nachträglich beseitigt**, sodass X gemäß §§ 1937, 1922 testamentarischer Alleinerbe der F geworden ist.

---

52 Brox/Walker § 15 Rn. 16.

4. Auslegung von Verfügungen von Todes wegen

Fall 28: Erläuternde Auslegung (1)

Der mit Bertha (B) verheiratete Schlosser Ewald Schmidt (E) war begeisterter Segler. Deswegen war er sehr enttäuscht, dass sein einziger Sohn Fritz (F) diese Leidenschaft nicht teilte. E fand aber in seinem Nachbarn Fritz Müller (M) einen guten Segelfreund, mit dem er oftmals gemeinsame Touren unternahm.

E errichtete 2012 handschriftlich folgende Verfügung:

„Essen, 08.05.2012

Mein letzter Wille

Mein gesamtes Vermögen vermache ich meiner Frau Bertha.

Fritz soll aber mein Segelboot erhalten, damit er weiterhin die Gewässer unsicher machen kann.

Ewald Schmidt"

E stirbt Anfang Februar 2023. Wie ist die erbrechtliche Lage?

A. B könnte gemäß **§§ 1937, 1922** testamentarische Alleinerbin des E geworden sein.

I. Dazu muss E ein **wirksames Testament zugunsten der B errichtet haben**.

1. E war bei der Testamentserrichtung i.S.v. § 2229 **testierfähig**.

2. Das Testament des E könnte eine Erbeinsetzung der B zum **Inhalt** haben.

Ob die Verfügung des E eine Erbeinsetzung zugunsten der B enthält, erscheint nach dem Wortlaut der Erklärung insofern fraglich, als er ihr darin sein gesamtes Vermögen „vermacht".

Wenn man sich an diesen Wortlaut hält, hat E gemäß §§ 1939, 2147 ff. lediglich ein Vermächtnis zugunsten der B angeordnet, sodass sie nicht seine Erbin wird, sondern nur einen schuldrechtlichen Anspruch gegen den Erben gemäß § 2174 auf Herausgabe des Vermögens hat.

Andererseits spricht die Zuwendung des gesamten Vermögens an die B dafür, dass E seine Frau zur Erbin berufen wollte.

Ob E seiner Frau wirklich nur ein Vermächtnis zuwenden oder ob er nicht vielmehr eine Erbeinsetzung der B verfügen wollte, muss **durch Auslegung** ermittelt werden.

Beachte: Bei der Testamentsauslegung ist immer der wirkliche Erblasserwille zu ermitteln.

Auslegungsmethoden:
- erläuternde Auslegung
- ergänzende Auslegung

a) Bei der Auslegung einer testamentarischen Verfügung ist ausschließlich der **wirkliche Erblasserwille im Zeitpunkt der Testamentserrichtung** zu ermitteln. Auf den sogenannten Empfängerhorizont gemäß § 157, also wie die Erklärung vom Bedachten verstanden werden darf, kommt es nicht an, da es sich bei testamentarischen Anordnungen um einseitige, nicht empfangsbedürftige Willenserklärungen handelt.

Als **Auslegungsmethoden** stehen, wie sonst auch, die erläuternde und die ergänzende Auslegung zur Verfügung.

Die **erläuternde Auslegung** knüpft an den Wortlaut der Erklärung an und ermittelt sodann, was der Erblasser damit in Wirklichkeit zum Ausdruck bringen wollte. Die **ergänzende Auslegung** greift ein, wenn die Verfügung des Erblassers eine Lücke aufweist, und versucht, den hypothetischen Erblasserwillen zu ermitteln, also was der Erblasser wohl angeordnet hätte, wenn er bei Testamentserrichtung das Problem bedacht hätte.

Es muss daher zunächst gemäß § 133 im Wege der erläuternden Auslegung ermittelt werden, was der E mit seiner Verfügung, er vermache der B sein gesamtes Vermögen, tatsächlich erklären wollte.

Beachte: Die individuelle Auslegung hat immer Vorrang vor den gesetzlichen Auslegungsregeln. Daher darf hier nicht vorschnell auf § 2087 Abs. 1 zurückgegriffen werden.

Juristische Laien sind sich über die Bedeutung juristischer Fachbegriffe oftmals nicht im Klaren. Insbesondere die Begriffe „vererben" und „vermachen" werden von einem Großteil der Bevölkerung unterschiedslos benutzt.

Da E keine juristische Ausbildung hatte, kann von der Verwendung des Wortes „vermachen" nicht ohne Weiteres davon ausgegangen werden, dass er damit der B bewusst nur einen schuldrechtlichen Anspruch auf das gesamte Vermögen verschaffen wollte. Die Tatsache, dass er ihr das gesamte Vermögen zuwendet, spricht vielmehr für eine Erbeinsetzung der B. Für ein solches Verständnis der Anordnung des E lässt sich ferner anführen, dass er anscheinend mit seinem Testament seine Vermögensnachfolge komplett regeln wollte, aber keine andere Person zum Erben berufen hat.

Infolgedessen ist die Verfügung des E, dass er seiner Frau sein gesamtes Vermögen vermache, als Erbeinsetzung der B auszulegen.

b) Umstritten ist, **ob bei der Auslegung die erbrechtlichen Formvorschriften berücksichtigt werden müssen**.

aa) Nach h.M. und Rechtsprechung darf der durch Auslegung ermittelte Wille des Erblassers nur berücksichtigt werden, wenn er in der Testamentsurkunde irgendeinen Anklang gefunden hat, sogenannte **Andeutungstheorie**.[53] Dies sei erforderlich, da die im Erbrecht geltenden Formvorschriften auch bei der Auslegung anzuwenden seien.

Merke: Nach h.M. darf der durch Auslegung ermittelte Wille des Erblassers nur berücksichtigt werden, wenn er in der Testamentsurkunde irgendeinen Anklang gefunden hat, sogenannte **Andeutungstheorie**.

Der durch Auslegung ermittelte Wille des E, seine Frau zur Erbin zu berufen, findet in der Urkunde jedoch Anklang, da sich aus ihr ergibt, dass E der B das gesamte Vermögen zuwenden will, sodass die Anforderungen der h.M. erfüllt sind.

bb) Nach a.A. muss der durch Auslegung ermittelte Erblasserwille keinen Anklang gefunden haben.[54] Die Andeutungstheorie bevorzuge den weitschweifigen Erblasser und führe zu Unsicherheiten.

Daher kann nach dieser Ansicht der Wille des E, seine Frau zur Erbin einsetzen zu wollen, auch ohne Anklang in der Urkunde berücksichtigt werden.

cc) Beide Auffassungen gelangen zu demselben Ergebnis, sodass sich eine Streitentscheidung erübrigt.

Folglich hat das Testament des E eine Erbeinsetzung der B zum Inhalt.

---

53 BGH NJW 1985, 1554, 1555; Grüneberg/Weidlich § 2084 Rn. 4 m.w.N.

54 Brox/Walker § 16 Rn. 4, 8.

3. Gründe, die der **Wirksamkeit** der Errichtung entgegenstehen, sind nicht ersichtlich.

4. E hat die Verfügung eigenhändig und handschriftlich errichtet und das mit Ortsangabe und Datum versehene Schriftstück unterschrieben, sodass ein **formgerechtes Testament** i.S.v. §§ 2231 Nr. 2, 2247 gegeben ist.

Daher hat E ein wirksames Testament zugunsten der B errichtet.

II. Diese Verfügung zugunsten der B hat E auch **nicht nachträglich beseitigt**, sodass B gemäß **§§ 1937, 1922** testamentarische Alleinerbin des E geworden ist.

B. M könnte **gemäß § 2174** gegen B ein schuldrechtlicher **Anspruch auf Herausgabe und Übereignung des Segelboots** zustehen.

Dazu muss E zugunsten des M ein wirksames Vermächtnis in seinem Testament errichtet haben.

I. E war bei der Errichtung des Testaments **testierfähig** (s.o.).

II. E könnte in seinem Testament ein Vermächtnis zugunsten des M angeordnet haben.

Gemäß § 1939 liegt ein Vermächtnis vor, wenn der Erblasser einem Dritten, ohne ihn als Erben einzusetzen, einen Vermögensvorteil zuwenden will.

E wollte „Fritz" einen Anspruch auf das Segelboot zuwenden, ohne ihn zu seinem Erben einzusetzen. Folglich hat E ein Vermächtnis zugunsten von „Fritz" in seinem Testament angeordnet.

Fraglich ist allerdings, ob M, der den Vornamen Fritz trägt, der Vermächtnisnehmer sein soll oder ob E seinen Sohn F, der ebenfalls Fritz heißt, bedenken wollte. Diese Frage muss durch Auslegung ermittelt werden.

1. Daher muss im Wege der **erläuternden Auslegung** geklärt werden, wem E mit dem Vermächtnis zugunsten „Fritz" einen Anspruch auf das Segelboot verschaffen wollte.

Der F hat die Segelleidenschaft seines Vaters nicht geteilt und an dem Hobby auch niemals teilgenommen. Demgegenüber hat E zusammen mit M, der ebenfalls begeisterter Segler ist, viele gemeinsame Segeltouren unternommen, sodass allein durch diesen Umstand sehr viel dafür spricht, dass E dem M das Segelboot zuwenden wollte. Ferner ist in dem Testament davon die Rede, dass Fritz das Segelboot erhalten solle, um „weiterhin" die Gewässer unsicher zu machen, was nur auf den M zutrifft.

Infolgedessen ergibt die erläuternde Auslegung, dass E den M bedenken wollte.

2. Zwar ist streitig, ob der durch Auslegung ermittelte Wille des Erblassers nur berücksichtigt werden darf, wenn er in der Testamentsurkunde irgendeinen **Anklang** gefunden hat (s.o.); der Streit kann hier jedoch dahinstehen, da der Wille des E, das Segelboot dem M zuwenden zu wollen, durch die Formulierung „damit er weiterhin die Gewässer unsicher machen kann" in der Urkunde angedeutet ist.

In dem Testament ist daher ein Vermächtnis zugunsten des M bzgl. des Segelboots enthalten.

III. Unwirksamkeits- oder Nichtigkeitsgründe sind nicht ersichtlich und E hat das Testament auch **formgerecht** errichtet (s.o.).

Demnach hat E in seinem Testament zugunsten des M ein wirksames Vermächtnis errichtet und mangels nachträglicher Beseitigung der Verfügung hat M daher gegen die B einen Anspruch auf Herausgabe und Übereignung des Segelboots gemäß § 2174.

C. F könnte ein **Pflichtteilsanspruch** gegen B gemäß **§ 2303 Abs. 1** zustehen.

Ein Pflichtteilsanspruch gemäß § 2303 Abs. 1 steht den Abkömmlingen des Erblassers zu, wenn sie durch Verfügung von Todes wegen von der Erbfolge ausgeschlossen worden sind.

F ist ein Abkömmling des E und er ist aufgrund des Testaments des E wirksam enterbt worden, sodass ihm ein Pflichtteilsanspruch zusteht.

Gemäß § 2303 Abs. 1 S. 2 bestimmt sich die Höhe des Pflichtteils aus der Hälfte des gesetzlichen Erbteils. Fraglich ist daher, wie hoch der gesetzliche Erbteil von F gewesen wäre.

Bei gesetzlicher Erbfolge hätte B gemäß § 1931 Abs. 1 S. 1 1/4 erhalten. Dieser Erbteil wäre gemäß § 1931 Abs. 3 i.V.m. § 1371 Abs. 1 um 1/4 erhöht worden, sodass B den E zu 1/2 beerbt hätte. F hätte als Erbe erster Ordnung die andere Hälfte geerbt, § 1924 Abs. 1, wäre also Erbe des E zu 1/2 geworden.

Daher steht F gemäß § 2303 Abs. 1 S. 2 gegen B ein auf Geldzahlung gerichteter Pflichtteilsanspruch in Höhe von 1/4 des Nachlasswertes zu.

Fall 29: Erläuternde Auslegung (2)
(frei nach OLG München JuS 2009, 380)

Die E hatte in einem formgerechten Testament ihren Lebensgefährten L zu ihrem alleinigen Erben eingesetzt. Ferner enthielt das Testament folgenden Passus: „Falls L und mir gleichzeitig etwas zustößt, setze ich dessen Tochter T zur Erbin meiner Hinterlassenschaft ein. Ich erwarte, dass L und eventuell T mich gut beerdigen und auch das Grab in Ordnung halten."

L überlebte die E nur um drei Tage. T will wissen, ob sie Erbin der E geworden ist.

T könnte **gemäß §§ 1937, 1922** testamentarische Alleinerbin der E geworden sein.

A. Dazu muss E ein **wirksames Testament zugunsten der T errichtet** haben.

I. E war bei der Testamentserrichtung **testierfähig** i.S.v. § 2229.

II. Das Testament könnte eine **Nacherbeneinsetzung der T** zum **Inhalt** haben.

1. Dagegen spricht, dass T nach dem Testament nur für den Fall zur Erbin berufen sein sollte, dass E und L gleichzeitig verstarben. In der Sache war T also als Ersatzerbin i.S.d. § 2096 für den Fall vorgesehen, dass L wegen des gleichzeitigen Versterbens als Erbe wegfiel.

E und L sind jedoch nicht gleichzeitig verstorben, sondern es lagen drei Tage zwischen dem Tod der E und dem Tod des L, sodass L als Erbe nicht weggefallen ist. Es ist daher zu fragen, ob die Klausel im Testament dahingehend **erläuternd auszulegen** ist, dass T (als Nacherbin) für den Fall eingesetzt werden sollte, dass L die E nur kurzzeitig überlebte.

Die **erläuternde Auslegung** knüpft an den Wortlaut der Erklärung an und ermittelt sodann, was der Erblasser damit in Wirklichkeit zum Ausdruck bringen wollte.

Man könnte der Ansicht sein, dass ein gleichzeitiges Versterben eindeutig nur dann vorliege, wenn der Tod der in Betracht kommenden Personen im gleichen Sekundenbruchteil eintrete. Jedoch wären damit nur sehr seltene Ausnahmefälle erfasst, da sich ein derartiges gleichzeitiges Versterben kaum jemals feststellen lassen wird.

Beachte: Es ist auch eine Auslegung gegen scheinbar eindeutigen Wortlaut möglich!

Jedoch ist anerkannt, dass **auch in den Fällen scheinbar eindeutigen Wortlauts eine Auslegung möglich** ist. Danach ist zu fragen, ob die vom Erblasser getroffene Regelung auch für den Fall gelten sollte, dass dieser und der zunächst Bedachte kurz hintereinander sterben, selbst wenn dies nicht auf dieselbe Ursache zurückgeht.

Es sprechen gewichtige Umstände dafür, dass E die T auch für den Fall zur (Nach-)Erbin einsetzen wollte, dass der Tod von E und L kurz nacheinander erfolgte. So ging es ihr ersichtlich um die Grabpflege, für welche sie die T für geeignet hielt. Es ist also davon auszugehen, dass E die Nacherbschaft zugunsten der T jedenfalls für den Fall eintreten lassen wollte, dass L nach ihrem Tode nicht mehr in der Lage war, seinerseits zu testieren.

2. Es ist umstritten, ob bei der Auslegung die **erbrechtlichen Formvorschriften** berücksichtigt werden müssen.

a) Nach der von der h.M. vertretenen Andeutungstheorie darf der durch Auslegung ermittelte Wille des Erblassers nur berücksichtigt werden, wenn er in der Testamentsurkunde irgendeinen Anklang gefunden hat, damit die Formvorschriften des Erbrechts auch bei der Auslegung gewahrt werden.

Der durch Auslegung ermittelte Wille der E, die T zur Nacherbin einzusetzen, ist durch die Formulierung *„Ich erwarte, dass L und eventuell T mich gut beerdigen und auch das Grab in Ordnung halten."* in der Urkunde angedeutet.

b) Nach a.A. muss der durch Auslegung ermittelte Erblasserwille keinen Anklang gefunden haben.

c) Daher kann nach beiden Ansichten der durch Auslegung ermittelte Wille der E berücksichtigt werden, sodass sich eine Streitentscheidung erübrigt.

Somit hat das Testament der E eine Nacherbeneinsetzung der T zum Inhalt.

III. Gründe, die der **Wirksamkeit** der Verfügung entgegenstehen, sind nicht ersichtlich.

IV. E hat die Verfügung auch **formgerecht** errichtet.

Infolgedessen hat E ein wirksames Testament zugunsten der T als Nacherbin errichtet.

B. Diese Verfügung zugunsten der T hat E auch **nicht nachträglich beseitigt**, sodass T Nacherbin der E geworden ist.

Der Nacherbfall ist gemäß § 2109 mit dem Tod des L drei Tage nach dem Tod der E eingetreten, sodass T testamentarische Alleinerbin der E gemäß §§ 1937, 1922 geworden ist.

Fall 30: Ergänzende Auslegung

E ist mit der F verheiratet und die Eheleute haben drei gemeinsame Kinder (A, B und C). E legte ausgesprochen großen Wert darauf, seine drei Kinder stets gleich zu behandeln und niemanden zu bevorzugen.

Im Jahre 2011 errichtete E ein formgerechtes Testament mit folgendem Inhalt:

„Hannover, 12.03.2011

Mein letzter Wille

Um alle meine Kinder gleichermaßen zu versorgen, setze ich A, B und C zu je 1/3 zu meinen Erben ein.

E"

Kurz vor seinem Tod erfährt er von seiner Jugendliebe J, dass er auch mit ihr ein Kind habe, den Sohn S. Sie habe ihm ihre Schwangerschaft, die sie erst nach der Trennung festgestellt habe, verschwiegen, damit er die Beziehung zu ihr nicht aus Pflichtgefühl wieder aufnehme.

Nach dem Tod des E fragt S, ob er Erbe des E geworden ist.

S könnte gemäß **§§ 1937, 1922** testamentarischer (Mit-)Erbe des E geworden sein.

A. Dazu muss E ein **wirksames Testament, durch das S zum Erben berufen ist, errichtet haben**.

I. E war bei der Errichtung des Testaments i.S.v. § 2229 **testierfähig**.

II. Das Testament des E könnte eine Erbeinsetzung des S zum **Inhalt** haben.

Nach dem Wortlaut der testamentarischen Verfügung sind nur A, B und C zu gleichen Teilen zu Erben berufen.

Andererseits war E stets auf Gleichbehandlung seiner Abkömmlinge bedacht und wollte durch die Anordnung im Testament alle seine Kinder gleichermaßen versorgen, sodass er möglicherweise auch S zum Erben eingesetzt hätte, wenn er von dessen Existenz bei Testamentserrichtung gewusst hätte. Daher muss durch Auslegung ermittelt werden, ob auch S zum Erben berufen ist.

1. Bei der Auslegung einer testamentarischen Verfügung ist ausschließlich der wirkliche Erblasserwille im Zeitpunkt der Testamentserrichtung zu ermitteln, da es sich bei testamentarischen Anordnungen um einseitige, nicht empfangsbedürftige Willenserklärungen handelt.

E ist bei der Testamentserrichtung im Jahre 2011 insofern von falschen Umständen ausgegangen, als er glaubte, nur drei Kinder zu haben, es in Wirklichkeit aber vier Abkömmlinge waren. Folglich weist das Testament bzgl. der Frage, ob das vierte Kind auch zum Erben berufen sein soll, eine Lücke auf, sodass durch **ergänzende Auslegung** ermittelt werden muss, was der Erblasser wohl angeordnet hätte, wenn er bei Testamentserrichtung gewusst hätte, dass er noch einen vierten Abkömmling hat, sogenannter **hypothetischer Erblasserwille**.

E hat Zeit seines Lebens ausgesprochen genau auf eine Gleichbehandlung seiner Abkömmlinge geachtet. Auch die testamentarische Verfügung sollte nach dem Willen des E dazu dienen, *alle* seine Kinder gleichmäßig zu versorgen und abzusichern. Dass E mangels Anerkennung oder Feststellung der Vaterschaft im rechtlichen Sinne nicht der Vater des S ist, vgl. § 1592, steht dem nicht entgegen: Zum einen ist nicht ersichtlich, dass dem E dieser juristische Umstand überhaupt bekannt war, zum anderen lässt sich dem Sachverhalt nicht entnehmen, dass der rechtliche Status des S für E bedeutsam war. Daher ist davon auszugehen, dass E, wenn ihm **zur Zeit der Testamentserrichtung** die Existenz seines vierten Kindes bekannt gewesen wäre, dieses ebenfalls im gleichen Umfang wie seine übrigen Abkömmlinge erbrechtlich bedacht hätte.

Beachte: Auslegung einer testamentarischen Verfügung muss immer auf den Zeitpunkt der Testamentserrichtung bezogen werden.

Infolgedessen ist die Verfügung des E im Wege der ergänzenden Auslegung so zu verstehen, dass er A, B, C und S zu je 1/4 zu seinen Erben berufen hat.

2. Es ist umstritten, ob bei der Auslegung die **erbrechtlichen Formvorschriften** berücksichtigt werden müssen.

a) Nach der von der h.M. vertretenen Andeutungstheorie darf der durch Auslegung ermittelte Wille des Erblassers nur berücksichtigt werden, wenn er in der Testamentsurkunde irgendeinen Anklang gefunden hat, damit die Formvorschriften des Erbrechts auch bei der Auslegung gewahrt werden.

Der durch Auslegung ermittelte Wille des E, seine Kinder A, B, C und S zu je 1/4 zu Erben zu berufen, findet in der Urkunde jedoch Anklang, da sich aus ihr ergibt, dass E alle seine Kinder gleichmäßig versorgen will.

b) Nach a.A. muss der durch Auslegung ermittelte Erblasserwille keinen Anklang gefunden haben.

c) Daher kann nach beiden Ansichten der durch Auslegung ermittelte Wille des E berücksichtigt werden, sodass sich eine Streitentscheidung erübrigt.

Folglich hat das Testament des E eine Erbeinsetzung des S zu 1/4 zum Inhalt.

III. Gründe, die der **Wirksamkeit** der Errichtung entgegenstehen, sind nicht ersichtlich.

IV. E hat die Verfügung laut Sachverhalt **formgerecht** i.S.v. §§ 2231 Nr. 2, 2247 errichtet.

Infolgedessen hat E ein wirksames Testament, das den S zu 1/4 zu seinem Erben beruft, errichtet.

B. Diese Verfügung hat E auch nicht nachträglich widerrufen, sodass S gemäß **§§ 1937, 1922** testamentarischer (Mit-)Erbe des E zu 1/4 geworden ist.

5. Anfechtung von Verfügungen von Todes wegen

Fall 31: Testamentsanfechtung – § 2078 Abs. 2

Die verwitwete W hat in einem formwirksamen notariellen Testament ihre Freundin F zur Alleinerbin berufen. Ihrem einzigen Sohn S, den sie eigentlich als Erben vorgesehen hatte, hat sie nichts zugewandt, da sie der Ansicht war, dieser habe ihr vor Jahren einen wertvollen Ring gestohlen, um seine Spielschulden zu begleichen.

Auf der Beerdigung der W gesteht der Gärtner G, dass er den Ring damals entwendet habe. S erklärt gegenüber dem Nachlassgericht die Anfechtung des Testaments.

Wer beerbt die W?

A. F könnte aufgrund des notariellen Testaments **Alleinerbin** der W gemäß **§§ 1937, 1922** geworden sein.

I. Dazu muss W zunächst ein **wirksames Testament zugunsten der F errichtet** haben.

1. W war zum Zeitpunkt der Testamentserrichtung i.S.v. § 2229 **testierfähig**.

2. Das Testament der W muss eine Erbeinsetzung der F zum **Inhalt** haben.

a) Nach dem Wortlaut der testamentarischen Verfügung hat W die F zu ihrer Alleinerbin berufen.

b) Andererseits wollte W eigentlich ihren Sohn S zum Erben einsetzen und hat dies nur deshalb unterlassen, weil sie irrtümlich davon ausgegangen ist, von S bestohlen worden zu sein. Möglicherweise hätte W den S zum Erben berufen, wenn sie davon gewusst hätte, dass dieser sie nicht bestohlen hat. Daher muss durch Auslegung ermittelt werden, ob auch S zum Erben berufen ist.

aa) W ist bei der Testamentserrichtung von falschen Umständen ausgegangen, indem sie glaubte, von S bestohlen worden zu sein, in Wirklichkeit aber G den Diebstahl begangen hat. Folglich muss durch **ergänzende Auslegung** ermittelt werden, was die Erblasserin wohl angeordnet hätte, wenn sie bei Testamentserrichtung gewusst hätte, dass ihr Sohn sie nicht bestohlen hat, sogenannter **hypothetischer Erblasserwille**.

W hatte ihren Sohn an sich als Erben vorgesehen und ihm nur deswegen nichts zugewandt, weil sie davon ausging, von ihm bestohlen worden zu sein. Hätte sie bei Testamentserrichtung gewusst, dass der G und nicht der S sie bestohlen hat, wäre sie bei ihrem ursprünglichen Plan, den S zum Erben einzusetzen, geblieben.

Infolgedessen ist die Verfügung der W im Wege der ergänzenden Auslegung so zu verstehen, dass sie ihren Sohn S zum Alleinerben berufen hätte.

bb) Ob bei der Auslegung die **erbrechtlichen Formvorschriften** berücksichtigt werden müssen, ist umstritten.

(1) Nach der von der h.M. vertretenen Andeutungstheorie darf der durch Auslegung ermittelte Wille des Erblassers nur berücksichtigt werden, wenn er in der Testamentsurkunde irgendeinen Anklang gefunden hat. Dies sei erforderlich, damit die mit den Formvorschriften verbundenen Zwecke, also die Beweissicherung und der Schutz des Erblassers vor Übereilung, durch die Auslegung nicht unterlaufen werden.

Der durch Auslegung ermittelte Wille der W, ihren Sohn S zum Alleinerben zu berufen, findet in der Urkunde keinen Anklang, sodass nach h.M. das Auslegungsergebnis nicht zu berücksichtigen ist und es daher bei dem Inhalt, dass F Alleinerbin ist, bleibt.

(2) Nach a.A. muss der durch Auslegung ermittelte Erblasserwille keinen Anklang gefunden haben. Die Andeutungstheorie bevorzuge den weitschweifigen Erblasser und führe zu Rechtsunsicherheiten.

Danach findet das Auslegungsergebnis Berücksichtigung, sodass S nach dem Inhalt des Testaments Alleinerbe der W ist.

(3) Stellungnahme: Es ist zutreffend, dass die Andeutungstheorie den Erblasser, der in seinem Testament sehr weitschweifige Ausführungen trifft, bevorzugt. Allerdings ist die Andeutungstheorie ein probates Mittel, um nicht genügend fundiertes Vorbringen einzelner Erbbeteiligter zurückzuweisen. Ferner bewirkt die Andeutungstheorie, dass der Erblasser nicht übereilt testiert, sondern inhaltlich bedachte und verantwortete Verfügungen anordnet. Demnach ist der Nachteil, den weitschweifigen Erblasser zu bevorzugen, im Hinblick auf die Vorteile, die Wahrung der Beweissicherungs- und Warnfunktion, hinzunehmen.

Folglich kann das Testament der W mangels entsprechender Andeutung in der Urkunde nicht dahingehend ausgelegt werden, dass W ihren Sohn S zum Alleinerben berufen hat.

Demnach beinhaltet das Testament weiterhin die Einsetzung der F zur Alleinerbin, sodass W ein wirksames Testament zugunsten der F errichtet hat.

3. Der Verfügung stehen **keine Unwirksamkeits- oder Nichtigkeitsgründe** entgegen.

4. W hat das Testament **formgerecht** vor einem Notar gemäß §§ 2231 Nr. 1, 2232 errichtet.

Folglich liegt eine wirksame testamentarische Erbeinsetzung der F durch Erblasserin W vor.

II. Die Erbeinsetzung der F ist gemäß § 142 nichtig, wenn S diese Verfügung wirksam gemäß §§ 2078 ff. angefochten hat.

1. Um die Erbeinsetzung der F erfolgreich anfechten zu können, muss S zunächst einen **Anfechtungsgrund** haben.

In Betracht kommt eine Anfechtung **gemäß § 2078 Abs. 2**, wonach **jeder Motivirrtum** des Erblassers zur Anfechtung berechtigt.

Beachte: Abweichend von den §§ 119 ff. berechtigt bei der Testamentsanfechtung jeder Motivirrtum zur Anfechtung, § 2078 Abs. 2, da es bei testamentarischen Verfügungen keinen schutzbedürftigen Dritten gibt.

Dabei ist unerheblich, ob sich der Erblasser über vergangene, gegenwärtige oder zukünftige Umstände bei der Testamentserrichtung geirrt hat und auf welche Weise es zu dem Irrtum gekommen ist. Erforderlich ist jedoch, dass der Irrtum für die testamentarische Verfügung derart **ursächlich** war, dass der Erblasser die Verfügung ohne die irrige Vorstellung nicht getroffen hätte.

a) W ist bei der Testamentserrichtung davon ausgegangen, dass der S sie bestohlen hat. In Wahrheit hatte jedoch der Gärtner G den Diebstahl begangen, sodass sich die W bzgl. eines vergangenen Umstands geirrt hat und somit ein **Motivirrtum** vorliegt.

Beachte: Auch bei der Kausalität kommt es mangels eines schutzbedürftigen Dritten nur auf die subjektive Einstellung des Erblassers an.

b) W wollte eigentlich ihren Sohn zum Erben berufen, hat dann aber die F zur Erbin eingesetzt, weil sie den S für den Dieb des Ringes gehalten hat. Infolgedessen war der Irrtum der W auch **ursächlich** für die Erbeinsetzung der F.

Somit liegt ein Anfechtungsgrund gemäß § 2078 Abs. 2 vor.

2. Ferner muss S **zur Anfechtung berechtigt** sein.

Gemäß § 2080 Abs. 1 ist derjenige zur Anfechtung berechtigt, dem die Aufhebung der Verfügung unmittelbar zustattenkommt.

Ein unmittelbares Zustattenkommen liegt vor, wenn der Anfechtende bei Wegfall der angefochtenen Verfügung einen Vorteil erhält, den er ansonsten nicht erhalten hätte.[55]

Wenn die testamentarische Erbeinsetzung der F entfällt, wird W – mangels wirksamer Verfügung von Todes wegen – nach der gesetzlichen Erbfolge gemäß §§ 1924 ff. beerbt. Danach wäre S als einziger Abkömmling der verwitweten W gemäß § 1924 gesetzlicher Alleinerbe.

Demzufolge kommt die Aufhebung der Verfügung unmittelbar dem S zustatten, sodass er gemäß § 2080 Abs. 1 anfechtungsberechtigt ist.

3. S hat die Anfechtung gegenüber dem Nachlassgericht und damit gegenüber dem richtigen **Anfechtungsgegner**, vgl. § 2081 Abs.1, erklärt.

4. S hat wohl auch innerhalb **Jahresfrist** des § 2082 angefochten und **Ausschlussgründe** greifen nicht ein, sodass S die Erbeinsetzung der F wirksam angefochten hat und infolgedessen diese Verfügung gemäß § 142 nichtig ist.

F ist daher nicht gemäß §§ 1937, 1922 testamentarische Erbin der W geworden.

B. Mangels einer wirksamen Verfügung von Todes wegen ist daher S als einziger Abkömmling der verwitweten W **gemäß § 1924 gesetzlicher Alleinerbe** der W geworden.

55 Jauernig/Stürner § 2080 Rn. 2.

Fall 32: Anfechtung eines Erbvertrags – §§ 2281 ff.

F hat in einem formgerecht errichteten Erbvertrag ihre Nichte N vertragsmäßig zur Alleinerbin eingesetzt.

Im März 2019 heiratet F im Alter von 73 Jahren die M. Daraufhin erklärt sie im April 2019 gegenüber N mittels einer notariell beurkundeten Erklärung die Anfechtung des Erbvertrags und errichtet ein formwirksames handschriftliches Testament, in welchem sie die M zu ihrer Alleinerbin bestimmt.

Anfang Februar 2023 stirbt F. Wer beerbt die F?

M könnte aufgrund des eigenhändigen Testaments **Alleinerbin** der F gemäß **§§ 1937, 1922** geworden sein.

A. Dazu muss F ein **wirksames Testament zugunsten der M errichtet** haben.

I. F war zur Zeit der Testamentserrichtung i.S.v. § 2229 **testierfähig**.

II. Im Testament der F kommt deutlich zum Ausdruck, dass sie ihre Ehefrau M zur Alleinerbin berufen möchte.

III. Die Verfügung zugunsten der M muss **wirksam** sein.

1. Die Erbeinsetzung der M in dem von F errichteten Testament könnte **gemäß § 2289 Abs. 1 S. 2 unwirksam** sein.

Danach ist eine Verfügung von Todes wegen, die nach Abschluss eines Erbvertrags errichtet wird und das Recht des vertragsmäßig Bedachten beeinträchtigen würde, unwirksam.

N wurde in dem Erbvertrag vertragsmäßig zur Erbin eingesetzt. Die Erbeinsetzung der M in dem von F später errichteten Testament könnte eine Beeinträchtigung i.S.v. § 2289 sein.

Zwar ist streitig, ob die Beeinträchtigung i.S.v. § 2289 rein rechtlich zu beurteilen ist oder ob auch wirtschaftliche Aspekte zu berücksichtigen sind,[56] dies kann jedoch dahinstehen, da bei einer vom Erbvertrag abweichenden Erbeinsetzung nach beiden Ansichten eine Beeinträchtigung vorliegt.

Die Erbeinsetzung der M durch das spätere Testament der F stellt daher eine Beeinträchtigung der vertragsmäßigen Erbeinsetzung der N dar und ist folglich an sich gemäß § 2289 Abs. 1 S. 2 unwirksam.

2. Die Unwirksamkeit nach § 2289 Abs. 1 S. 2 greift jedoch nicht ein, wenn F aufgrund einer **wirksamen Anfechtung** nicht mehr an die Erbeinsetzung der N gebunden war.

Beachte: Für Anfechtung erbvertraglicher Verfügungen hat der Gesetzgeber in den §§ 2281 ff. Sonderregeln geschaffen.

Fraglich ist daher, ob F die Erbeinsetzung der N gemäß §§ 2281 ff. wirksam angefochten hat.

a) Um die Erbeinsetzung der N erfolgreich anfechten zu können, muss F zunächst einen **Anfechtungsgrund** haben.

56 Vgl. Fall 20 Abwandlung.

Beachte: Obwohl es beim Erbvertrag einen schutzwürdigen Vertragspartner gibt, hat sich der Gesetzgeber für den Schutz der Testierfreiheit entschieden, sodass auch beim Erbvertrag jeder Motivirrtum zur Anfechtung berechtigt, §§ 2281 Abs. 1, 2078, 2079.

In Betracht kommt eine Anfechtung **gemäß § 2281 Abs. 1 i.V.m. § 2079** wegen Übergehung eines Pflichtteilsberechtigten.

aa) Gemäß § 2079 ist eine letztwillige Verfügung anfechtbar, wenn der Erblasser einen zur Zeit des Erbfalls lebenden Pflichtteilsberechtigten übergangen hat, dessen Vorhandensein ihm bei der Errichtung des Testaments nicht bekannt war oder der erst nach der Errichtung geboren oder pflichtteilsberechtigt geworden ist. Diese Regelung gilt wegen des Verweises in § 2281 Abs. 1 auf § 2079 auch für die Anfechtung erbvertraglicher Verfügungen.

M ist erst nach dem Abschluss des Erbvertrags durch die Ehe mit der F gemäß § 2303 Abs. 2 pflichtteilsberechtigt geworden und es liegt auch eine Übergehung der M vor, da ihr im Erbvertrag nichts zugewendet worden ist.

bb) Gemäß § 2079 S. 2 wird die **Kausalität** zwischen dem Irrtum des Erblassers und dem Übergehen des Pflichtteilsberechtigten vermutet und N hat diese Vermutung nicht widerlegt. Somit liegt ein Anfechtungsgrund gemäß § 2281 Abs. 1 i.V.m. § 2079 vor.

b) Ferner muss F **zur Anfechtung berechtigt** sein.

Beachte: §§ 2281 ff. werden wegen der vergleichbaren erbrechtlichen Bindung auf die Anfechtung wechselbezüglicher Verfügungen eines gemeinschaftlichen Testaments nach dem Tod eines Ehegatten analog angewandt.

Gemäß § 2281 Abs. 1 ist der Erblasser wegen der Bindungswirkung des Erbvertrags selbst zur Anfechtung berechtigt, sodass F demnach anfechtungsberechtigt ist.

c) F hat mittels notariell beurkundeter Erklärung gegenüber ihrer Vertragspartnerin N die Anfechtung erklärt und damit die Anfechtung gemäß § 2282 Abs. 3 **formgerecht** gegenüber der **richtigen Anfechtungsgegnerin**, vgl. § 143 Abs. 2, erklärt.

d) F hat auch innerhalb der **Jahresfrist** des § 2283 angefochten und **Ausschlussgründe** greifen nicht ein, sodass F die Erbeinsetzung der N wirksam angefochten hat und infolgedessen diese Verfügung gemäß § 142 nichtig ist.

Somit war F an die Erbeinsetzung der N nicht mehr gebunden, sodass die Erbeinsetzung der M nicht gemäß § 2289 Abs. 1 S. 2 unwirksam ist.

IV. F hat das Testament gemäß §§ 2231 Nr. 2, 2247 auch **formgerecht** errichtet, sodass ein wirksames Testament der F zugunsten der M vorliegt.

B. F hat diese Verfügung zugunsten der M **nicht nachträglich beseitigt**, sodass M aufgrund des eigenhändigen Testaments Alleinerbin der F gemäß §§ 1937, 1922 geworden ist.

3. Teil: Rechtsstellung des Erben

1. Erbschaftsanspruch

Fall 33: Erbschaftsanspruch – §§ 2018 ff.

B, der Neffe des verwitweten E und dessen einziger noch lebender Verwandter, glaubte, nach dem Tod seines Onkels dessen gesetzlicher Alleinerbe zu sein, da E niemals von einem Testament gesprochen hatte.

B, der kein eigenes Auto besaß, nutzte daher den zum Nachlass gehörenden Pkw des E zu einigen Ausflügen, die er sonst nicht gemacht hätte. Ferner verkaufte er die Münzsammlung des E für 3.000 € an M. Später findet sich ein formgerecht errichtetes Testament des E, in welchem er seinen Freund F zum Alleinerben bestimmt hat.

F verlangt von B Nutzungsersatz für den Gebrauch des Pkw und fordert Herausgabe der 3.000 €. Zu Recht?

A. Ansprüche F gegen B wegen der Nutzung des Autos

I. F könnte gegen B ein Anspruch auf **Wertersatz für den Gebrauch des Pkw gemäß §§ 2021, 818 Abs. 2** zustehen.

Dazu muss B außerstande sein, einer gemäß §§ 2018–2020 bestehenden Herausgabeverpflichtung nachzukommen.

1. Folglich muss den B zunächst eine **Herausgabepflicht gemäß §§ 2018–2020** gegenüber F treffen.

B ist gegenüber F gemäß § 2020 zur Herausgabe gezogener Nutzungen verpflichtet, wenn F Erbe des E und B Erbschaftsbesitzer ist.

a) F ist mit dem Tod des E gemäß §§ 1937, 1922 aufgrund des wirksamen und formgerechten Testaments **Alleinerbe des E** geworden.

b) B muss **Erbschaftsbesitzer** sein. Erbschaftsbesitzer ist gemäß § 2018, wer aufgrund eines ihm in Wirklichkeit nicht zustehenden Erbrechts etwas aus der Erbschaft erlangt hat.

Erbschaftsbesitzer ist, wer aufgrund eines ihm in Wirklichkeit nicht zustehenden Erbrechts etwas aus der Erbschaft erlangt hat, § 2018.

B hat den Nachlass des E in Besitz genommen, da er sich irrigerweise für den Erben des E gehalten hat. Er hat daher den gesamten Nachlass aufgrund eines ihm in Wirklichkeit nicht zustehenden Erbrechts erlangt und ist demzufolge Erbschaftsbesitzer.

c) Gemäß § 100 umfasst der Begriff der **Nutzungen** auch Gebrauchsvorteile. Darunter versteht man den Vorteil, welcher i.d.R. für einen Besitzer durch die tatsächliche Benutzung der Sache entsteht.[57] Demzufolge stellt die Nutzung des Pkw durch B einen Gebrauchsvorteil und damit eine gezogene Nutzung dar.

Somit bestand für B gegenüber F eine Herausgabepflicht bzgl. der gezogenen Nutzungen gemäß § 2020.

57 Hk-BGB/Dörner § 100 Rn. 1.

2. B muss ferner **zur Herausgabe außerstande** sein. Das ist der Fall, wenn ihm die Herausgabe in Natur unmöglich ist.

Bei der Nutzung des Pkw durch den B handelt es sich um einen bloßen Gebrauchsvorteil, bei dem die Herausgabe schon deshalb unmöglich ist, weil derartige Gebrauchsvorteile gar nicht herausgabefähig sind.

Folglich ist B zur Herausgabe außerstande.

Beachte: § 2021 ist Rechtsfolgenverweis auf das Bereicherungsrecht.

3. Als **Rechtsfolge** ist B gemäß § 2021 nach bereicherungsrechtlichen Vorschriften verpflichtet, d.h. er haftet **gemäß § 818 Abs. 2 auf Wertersatz**.

Danach muss er dem F den Verkehrswert des Gebrauchs ersetzen, ihm also die übliche Vergütung für die ordnungsgemäße Inanspruchnahme des Wagens zahlen.

Der Anspruch auf Wertersatz könnte jedoch **gemäß § 818 Abs. 3 wegen Wegfalls der Bereicherung ausgeschlossen** sein.

Ein Wegfall der Bereicherung liegt vor, wenn weder das ursprünglich Erlangte noch dessen Wert unter wirtschaftlichen Gesichtspunkten im Vermögen des Schuldners vorhanden ist. Insbesondere entfällt die Bereicherung, wenn der Empfänger den Gegenstand in einer Weise verwendet, die er sich sonst nicht geleistet hätte, und ihm kein verbleibender Vermögenswert zuwächst.[58]

B hat das Auto des E zu einigen Ausflügen genutzt, die er sonst nicht unternommen hätte. Daher hat er den Gegenstand in einer Weise genutzt, die er sich sonst nicht geleistet hätte, und es ist ihm durch den Gebrauch des Fahrzeugs auch kein bleibender Vermögenswert zugewachsen. Folglich ist der Anspruch des F gegen den B wegen Wegfalls der Bereicherung gemäß § 818 Abs. 3 ausgeschlossen.

F steht somit gegen B kein Anspruch auf Wertersatz für den Gebrauch des Pkw gemäß §§ 2021, 818 Abs. 2 zu.

II. Ein möglicher Anspruch des F gegen B auf Wertersatz für den Gebrauch des Pkw **gemäß §§ 988, 818 Abs. 2** ist ebenfalls gemäß § 818 Abs. 3 ausgeschlossen.

B. Ansprüche F gegen B auf Herausgabe der 3.000 €

I. F könnte gegen B ein **Anspruch auf Herausgabe der 3.000 € aus § 2018** zustehen.

Danach steht dem Erben gegen den Erbschaftsbesitzer ein Anspruch auf Herausgabe des aus der Erbschaft Erlangten zu.

1. F ist **testamentarischer Erbe** des E und B ist **Erbschaftsbesitzer** (s.o.).

2. B muss die 3.000 € **aus der Erbschaft des E erlangt** haben.

Dies erscheint insofern fraglich, als die 3.000 € sich nicht in dem Vermögen, das B als vermeintlicher Erbe des E in Besitz genommen hat, befunden haben, sondern vom M als Gegenleistung für die Veräußerung der Münzsammlung an B gezahlt worden sind.

58 Jauernig/Stadler § 818 Rn. 31.

Gemäß § 2019 gilt jedoch auch das aus der Erbschaft erlangt, was der Erbschaftsbesitzer durch Rechtsgeschäft mit Mitteln der Erbschaft erwirbt.

Sinn des § 2019: Erbe soll vor Verlust von Nachlasswerten und Gläubiger vor einer wertmäßigen Aushöhlung der Erbschaft geschützt werden.

Diese dingliche Surrogation setzt also voraus, dass ein Rechtsgeschäft getätigt wird, bei dem die Gegenleistung aus dem Nachlass erbracht wird.

B hat die zum Nachlass gehörende Münzsammlung rechtsgeschäftlich an M veräußert und dafür die 3.000 € erhalten. Demnach hat B die 3.000 € aus Mitteln der Erbschaft erlangt, sodass diese an die Stelle der Münzsammlung getreten sind.

Infolgedessen gelten die 3.000 € als aus der Erbschaft erlangt, sodass die Voraussetzungen des § 2018 vorliegen.

3. Als **Rechtsfolge** muss B daher gemäß § 2018 die 3.000 € an F herausgeben.

II. Daneben steht F gegen B ein Anspruch auf Herausgabe der 3.000 € **gemäß § 816 Abs. 1 S. 1** zu, da B als Nichtberechtigter über die Münzsammlung verfügt hat und diese Verfügung durch Genehmigung des Berechtigten F wirksam geworden ist.

Beachte: §§ 2018 ff. sind keine verdrängenden Sondernormen, vgl. § 2029, sodass in einer Klausur daneben evtl. weitere Ansprüche zu prüfen sind.

2. Erbengemeinschaft

Fall 34: Rechtsfähigkeit der Erbengemeinschaft – ordnungsgemäße Verwaltung, § 2038

E starb Ende Februar 2023. Er hatte 2011 ein formgerechtes Testament errichtet, in welchem er seinen Sohn S zu 2/3 und seine Tochter T zu 1/3 als Erben eingesetzt hatte.

Zum Nachlass gehörte u.a. eine Ferienwohnung auf Norderney, die E regelmäßig an Touristen vermietet hatte. In den letzten Jahren vor seinem Tod hatte sich E um den Zustand der Wohnung nicht mehr gekümmert, sodass jetzt einige Renovierungsarbeiten (neuer Anstrich, Fenster abdichten, neues Geländer auf dem Balkon) anstanden.

S wollte die erforderlichen Renovierungsarbeiten durchführen lassen, um die Wohnung dann wieder an Touristen vermieten zu können, seine Schwester wollte die Wohnung demgegenüber im unrenovierten Zustand verkaufen.

S beauftragt namens der Erbengemeinschaft den B mit den entsprechenden Renovierungsarbeiten. Nach Abschluss der Renovierung verlangt B Zahlung i.H.v. 10.000 €.

Welche Ansprüche stehen dem B zu?

A. B könnte ein Anspruch auf Zahlung von 10.000 € gegen die **Erbengemeinschaft aus § 631** zustehen.

Ein Anspruch gegen die Erbengemeinschaft als solche kann B nur zustehen, wenn die Erbengemeinschaft überhaupt **Rechtsfähigkeit** besitzt. Diese Frage wird unterschiedlich beurteilt.

Merke: Nach h.M. besitzt die Erbengemeinschaft als solche keine Rechtsfähigkeit.

I. Nach h.M. besitzt die Erbengemeinschaft keine Rechtsfähigkeit; es handele sich vielmehr um eine gesamthänderisch gebundene Personenmehrheit, der mit dem Nachlass ein Sondervermögen zugeordnet sei.[59]

Demnach scheidet ein Anspruch des B gegen die Erbengemeinschaft nach h.M. mangels Rechtsfähigkeit derselben aus.

II. Nach a.A. ist die Erbengemeinschaft als solche teil- bzw. vollrechtsfähig.[60] Die Erbengemeinschaft sei wie die Gesellschaft bürgerlichen Rechts (GbR) eine Gesamthandsgemeinschaft und, da der BGH die Rechtsfähigkeit der GbR anerkannt habe, müsse man nunmehr auch der Erbengemeinschaft Rechtsfähigkeit zuerkennen.[61]

Folgt man dieser Ansicht, so kommt ein Anspruch des B gegen die Erbengemeinschaft in Betracht.

III. Stellungnahme: Aus der Anerkennung der Rechtsfähigkeit der GbR kann nicht zwangsläufig der Schluss gezogen werden, dass damit auch die Erbengemeinschaft rechtsfähig sein müsse. Zwar handelt es sich sowohl

59 Grüneberg/Weidlich Einf. v. § 2032 Rn. 1 m.w.N.

60 Grunewald AcP 197, 305, 307.

61 Eberl-Borges ZEV 2002, 125 ff.

bei der Erbengemeinschaft als auch bei der GbR (bis Ende 2023) um Gesamthandsgemeinschaften, die jedoch ganz unterschiedlich strukturiert und auf verschiedene Zwecke gerichtet sind: Die GbR kommt gemäß § 705 durch einen Gesellschaftsvertrag zustande, während die Erbengemeinschaft nicht rechtsgeschäftlich, sondern gesetzlich begründet wird. Ferner ist die GbR auf die Erreichung eines gemeinsamen Zweckes angelegt, während die Erbengemeinschaft auf Auseinandersetzung gerichtet ist. Aus diesen Gründen hat es bereits der BGH abgelehnt, aus der Anerkennung der Rechtsfähigkeit der GbR die Rechtsfähigkeit der Erbengemeinschaft zu schlussfolgern.[62] I.Ü. verliert der Vergleich mit der GbR zum 01.01.2024 seine Grundlage, da der Gesetzgeber durch das MoPeG das Gesamthandsprinzip für die Personengesellschaften abschafft, vgl. § 713 BGB n.F.

Gegen die Rechtsfähigkeit der Erbengemeinschaft spricht ferner, dass in den §§ 2032 ff. keinerlei Regelungen enthalten sind, die auf eine Rechtsfähigkeit hindeuten. Somit ist der h.M. zu folgen, sodass der Erbengemeinschaft als solcher keine Rechtsfähigkeit zukommt.

Daher steht B kein Anspruch gegen die Erbengemeinschaft aus § 631 zu.

B. B könnte ein Anspruch auf Zahlung von 10.000 € gegen **S und T aus § 631** zustehen.

Dazu muss ein wirksamer Werkvertrag zwischen S, T und B zustande gekommen sein.

I. Dies erfordert zunächst eine **Einigung zwischen S, T und B i.S.d. § 631**.

S hat den B namens der Erbengemeinschaft mit den entsprechenden Renovierungsarbeiten beauftragt. Mangels Rechtsfähigkeit der Erbengemeinschaft sollte dadurch also eine Einigung zwischen den Miterben S, T und dem B zustande kommen.

Eine direkte Einigung i.S.d. § 631 liegt daher nur zwischen S und B vor. Diese Einigung wirkt jedoch auch für und gegen T, wenn S sie **gemäß § 164 Abs. 1 S. 1 wirksam vertreten** hat.

1. S hat B mit den Renovierungsarbeiten beauftragt und dadurch eine **eigene Willenserklärung** abgegeben.

2. S hat den Auftrag im Namen der Erbengemeinschaft erteilt und dadurch zum Ausdruck gebracht, dass er auch **im Namen der Miterbin T** handelt.

3. S muss **innerhalb seiner Vertretungsmacht** gehandelt haben. Dazu muss er überhaupt befugt gewesen sein, die T zu vertreten.

a) T hat den S nicht rechtsgeschäftlich bevollmächtigt.

b) S könnte kraft Gesetzes **gemäß § 2038 Abs. 2 S. 1 i.V.m. § 745 Abs. 1** zur Vertretung der T berechtigt gewesen sein. Danach kann eine ordnungsgemäße Verwaltungsmaßnahme durch Stimmenmehrheit, die sich nach Größe der Anteile berechnet, beschlossen werden.

aa) Fraglich ist jedoch, ob § 2038, der die Verwaltung des Nachlasses betrifft, nur die Geschäftsführungsbefugnis im Innenverhältnis erfasst oder ob damit **auch die Vertretung im Außenverhältnis geregelt** wird.

---

62 BGH NJW 2002, 3389.

Merke: Verwaltung i.S.v. § 2038 betrifft sowohl die Geschäftsführung (Innenverhältnis) als auch die Vertretung (Außenverhältnis).

Da die Vertretung für Verpflichtungsgeschäfte der Miterben im Gesetz nicht besonders geregelt ist, wenden Rechtsprechung und h.Lit. die Regelung des § 2038 im Interesse einer verkehrsnotwendigen Handlungsfähigkeit der Erbengemeinschaft auch auf die Vertretung im Hinblick auf Verpflichtungsgeschäfte an. Der Begriff der Verwaltung i.S.v. § 2038 umfasst daher alle tatsächlichen und rechtlichen Maßnahmen, die auf die Erhaltung, Verwahrung, Sicherung oder Nutzung und Vermehrung des Nachlassvermögens gerichtet sind; dazu gehören sowohl Maßnahmen, die sich nur im Innenverhältnis auswirken als auch Maßnahmen mit Außenwirkung gegenüber Dritten.[63]

Folglich kann sich die Vertretungsbefugnis des S aus § 2038 Abs. 2 S. 1 i.V.m. § 745 Abs. 1 ergeben.

bb) Die Renovierung der Ferienwohnung muss eine **ordnungsgemäße Verwaltungsmaßnahme i.S.v. § 2038 Abs. 2 i.V.m. § 745** sein.

Ordnungsgemäße Verwaltungsmaßnahmen: Maßnahmen, die der Beschaffenheit des Gegenstands dienen, dem Interesse aller Miterben nach billigem Ermessen entsprechen und keine wesentliche Veränderung des Nachlasses sind, vgl. § 745 Abs. 1–3.

Ordnungsgemäße Verwaltungsmaßnahmen sind solche, die der Beschaffenheit des Gegenstands dienen, dem Interesse aller Miterben nach billigem Ermessen entsprechen und keine wesentliche Veränderung des Gegenstands sind, vgl. § 745 Abs. 1–3.

Die Renovierung dient der Beschaffenheit der Ferienwohnung. Ein vernünftiger, wirtschaftlich denkender Miterbe würde den Renovierungsarbeiten zustimmen, da sie den Wert der Wohnung erhöhen, was sich sowohl bei einer Weitervermietung als auch bei einer Veräußerung preissteigernd, also günstig, auswirkt. Demzufolge entspricht die Renovierung auch dem Interesse aller Miterben nach billigem Ermessen.

Es könnte sich allerdings um eine wesentliche Veränderung des Gegenstands i.S.v. § 745 Abs. 3 handeln, die nicht mehr als ordnungsgemäße Verwaltungsmaßnahme einzuordnen ist.

Gegenstand i.S.v. § 2038 Abs. 2 i.V.m. § 745 Abs. 3 ist jedoch der gesamte Nachlass als Gesamtvermögen und nicht ein konkreter Einzelgegenstand, da ansonsten jede Verfügung über einen Nachlassgegenstand eine wesentliche Veränderung wäre, sodass derartige Maßnahmen niemals ordnungsgemäß wären.[64]

Durch die Renovierung der Ferienwohnung wird der Gesamtnachlass nicht wesentlich verändert. Somit stellt die Renovierung eine ordnungsgemäße Verwaltungsmaßnahme dar.

Folglich genügt gemäß § 2038 Abs. 2 S. 1 i.V.m. § 745 Abs. 1 die Stimmenmehrheit, welche sich nach der Größe der Erbteile berechnet, § 745 Abs. 1 S. 2. Da S Erbe zu 2/3 ist, hat er die erforderliche Stimmenmehrheit und daher gemäß § 2038 Abs. 2 S. 1 i.V.m. § 745 Abs. 1 die Befugnis, T zu vertreten.

Eine Einigung zwischen S, T und B i.S.v. § 631 liegt demnach vor.

II. Die Einigung war auch **wirksam**.

Infolgedessen hat B gegen S und T gemäß § 631 einen Anspruch auf Zahlung i.H.v. 10.000 €.

---

63 Brox/Walker § 30 Rn. 18.
64 BGH NJW 2006, 439.

Abwandlung: Haftung der Miterben – §§ 2058 ff.

B möchte wissen, ob er die gesamten 10.000 € von S verlangen kann.

B kann die Zahlung der gesamten 10.000 € von S verlangen, wenn S und T ihm gegenüber als **Gesamtschuldner** haften.

Eine gesamtschuldnerische Haftung von S und T könnte sich aus **§ 2058** ergeben. Danach haften die Miterben für gemeinschaftliche Nachlassverbindlichkeiten als Gesamtschuldner.

Dazu muss es sich bei der Werklohnzahlungsverbindlichkeit um eine **Nachlassverbindlichkeit** handeln.

Zu den Nachlassverbindlichkeiten gehören **gemäß § 1967 Abs. 2** sowohl die sogenannten **Erblasserschulden** – also die Verbindlichkeiten, die im Zeitpunkt des Erbfalls schon in der Person des Erblassers begründet waren – als auch die sogenannten **Erbfallschulden** – also die Verbindlichkeiten, die aus Anlass des Erbfalls entstehen.

Der Werkvertrag wurde jedoch zeitlich erst nach dem Erbfall begründet, sodass es sich weder um eine Erblasserschuld noch um eine Erbfallschuld i.S.v. § 1967 Abs. 2 handelt.

Über den Wortlaut des § 1967 Abs. 2 hinaus, handelt es sich jedoch auch bei sogenannten **Erbschaftsverwaltungsschulden** – also bei Verbindlichkeiten, die erst nach dem Tode durch die Nachlassabwicklung entstanden sind (z.B. Kosten der Testamentseröffnung) – und bei sogenannten **Nachlasserbenschulden** – also bei Verbindlichkeiten, die der Erbe bei der Verwaltung des Nachlasses eingeht – um Nachlassverbindlichkeiten.

Nachlasserbenschulden entstehen folglich durch eine eigene Rechtshandlung des Erben und begründen somit gleichzeitig eine Eigenschuld des handelnden Erben, wenn er mit dem Vertragspartner nicht vereinbart, dass die Haftung mit dem eigenen Vermögen ausgeschlossen sein soll.

Beachte: Nachlasserbenschulden haben grundsätzlich Doppelstellung – einerseits Nachlassverbindlichkeit, andererseits auch Eigenschuld der handelnden Erben.

S hat den Werkvertrag als ordnungsgemäße Verwaltungsmaßnahme für den Nachlass abgeschlossen (s.o.). Daher handelt es sich um eine Nachlasserbenschuld und somit zumindest auch um eine Nachlassverbindlichkeit, sodass S und T gegenüber B gemäß § 2058 als Gesamtschuldner haften.

B kann demzufolge die Zahlung der gesamten 10.000 € von S verlangen.

Fall 35: Notwendige Verwaltungsmaßnahmen (1)

A und B haben ihren Vater V aufgrund eines formwirksamen Testaments zu gleichen Teilen beerbt. Zum Nachlass gehört ein Wohnhaus, dessen Dach kurz nach dem Tod des V durch einen schweren Sturm stark beschädigt wird. Da B kurzfristig nicht zu erreichen und ein Einschreiten dringend geboten ist, um weitere Schäden am Haus zu verhindern, erteilt A namens der Erbengemeinschaft dem X den Auftrag, das Dach zu reparieren.

Nach Abschluss der Arbeiten verlangt X von A und B Zahlung i.H.v. 3.000 €. Zu Recht?

X könnte ein Anspruch auf Werklohn i.H.v. 3.000 € gegen **A und B aus § 631** zustehen.

Dazu muss ein wirksamer Werkvertrag zwischen A, B und X zustande gekommen sein.

A. A, B und X könnten sich über einen Bauvertrag i.S.v. § 650 a Abs. 2 **geeinigt** haben.

Der Bauvertrag i.S.v. § 650 a ist ein besonderer Werkvertrag, für den neben den allgemeinen Vorschriften (§§ 631–649) ergänzend die Vorschriften der §§ 650 a–650 h gelten, vgl. § 650 a Abs. 1 S. 2.

A hat den X namens der Erbengemeinschaft mit Dachreparaturarbeiten beauftragt. Bei einer Dachreparatur handelt es sich um die Instandhaltung eines Bauwerks gemäß § 650 a Abs. 2.[65]

Eine direkte Einigung i.S.d. § 650 a Abs. 2 liegt daher nur zwischen A und X vor. Diese Einigung wirkt jedoch auch für und gegen B, wenn A ihn **gemäß § 164 Abs. 1 S. 1 wirksam vertreten** hat.

I. A hat X mit den Reparaturarbeiten beauftragt und dadurch eine **eigene Willenserklärung** abgegeben.

II. A hat den Auftrag im Namen der Erbengemeinschaft erteilt und dadurch zum Ausdruck gebracht, dass er auch **im Namen des Miterben B** handelt.

A muss **innerhalb seiner Vertretungsmacht** gehandelt haben. Dazu muss er überhaupt befugt gewesen sein, den B zu vertreten.

1. B hat dem A keine rechtsgeschäftliche Vollmacht erteilt.

2. A könnte kraft Gesetzes gemäß **§ 2038 Abs. 1 S. 2** zur Vertretung des B berechtigt gewesen sein. Danach kann eine notwendige Verwaltungsmaßnahme von jedem Miterben allein getroffen werden.

a) Da die Vertretung für Verpflichtungsgeschäfte der Miterben im Gesetz nicht besonders geregelt ist, **wenden Rechtsprechung und h.Lit. die Regelung des § 2038** im Interesse einer verkehrsnotwendigen Handlungsfähigkeit der Erbengemeinschaft **auch auf die Vertretung im Hinblick auf Verpflichtungsgeschäfte an**.

Beachte: Bei Notverwaltungsmaßnahmen darf jeder Miterbe allein handeln.

b) Die Reparatur des Daches muss eine **notwendige Erhaltungsmaßnahme i.S.v. § 2038 Abs. 1 S. 2** sein.

Eine notwendige Erhaltungsmaßnahme liegt vor, wenn der Untergang oder eine wesentliche Verschlechterung des Gegenstands droht, die aufzuwendenden Kosten zum Erhaltungsinteresse in einem angemessenen Ver-

65 Grüneberg/Sprau § 650 a Rn. 10.

hältnis stehen und die Maßnahme so dringlich ist, dass sie keinen Aufschub duldet und eine Absprache nicht möglich ist.[66]

Ohne eine schnelle Reparatur des Daches drohte eine erhebliche weitere Beschädigung des Wohnhauses. Ferner ist ein Betrag i.H.v. 3.000 € eine angemessene Investition für die Erhaltung eines Wohnhauses. Schließlich war B kurzfristig nicht zu erreichen und die Entscheidung über die Dachreparatur musste sofort getroffen werden, sodass die Maßnahme auch dringlich war.

Infolgedessen stellt die Dachreparatur eine notwendige Erhaltungsmaßnahme i.S.d. § 2038 Abs. 1 S. 2 dar, sodass A alleinvertretungsberechtigt war.

Daher hat A den B gemäß § 164 Abs. 1 S. 1 wirksam vertreten und die erforderliche Einigung zwischen A, B und X i.S.v. § 650 a Abs. 2 liegt vor.

B. Die Einigung ist auch **wirksam**.

Auf den Bauvertrag finden die allgemeinen Vorschriften für Werkverträge Anwendung. Infolgedessen hat X gegen A und B gemäß § 631 einen Anspruch auf Zahlung von Werklohn i.H.v. 3.000 €.

66 Jauernig/Stürner § 2038 Rn. 6.

Fall 36: Notwendige Verwaltungsmaßnahmen (2)
(frei nach BGH NJW 2010, 765 = RÜ 2010, 89)

Im Jahr 1980 vermietete Herr E.S. das mit der „Villa H." bebaute Grundstück in R. (im Folgenden: Grundstück H.) an die Staatlichen Kunstsammlungen D. Der monatliche Mietzins betrug 399,25 M/DDR. Das Grundstück H. diente der Unterbringung der Puppentheatersammlung.

1989 verstarb der Herr E.S.; Erben nach ihm wurden Frau E zu ¼, Herr B zu ½ und Frau U zu ¼. Letztere schenkte ihren Erbteil im Jahre 1996 formwirksam dem Landesverein S. Heimatschutz e.V. (im Folgenden: Landesverein). Aufseiten der Mieterin trat nach der Wende zum 03.10. 1990 der Freistaat Sachsen (im Folgenden FS) als Rechtsnachfolger in den Vertrag ein.

Die Miterben E und B verhandelten in der Folgezeit mit FS vergeblich über eine Erhöhung des Mietzinses, der sich nach der Währungsunion auf 399,25 DM und ab 01.01.2002 auf 204,13 € belief. Die ortsübliche Miete für das Grundstück betrug monatlich 4.078 €.

Die von den Miterben B und E nach den gescheiterten Verhandlungen mit FS beauftragte Rechtsanwältin R kündigte mit Schreiben vom 04.03.2002 den Mietvertrag fristgerecht gegenüber FS zum 31.05.2002 „im Namen der Erbengemeinschaft nach E.S."; gleichzeitig widersprach sie einer Fortsetzung des Mietverhältnisses zu den bisherigen Konditionen. FS räumte das Grundstück in der Folgezeit nicht, da er die Kündigung wegen fehlender Zustimmung des Landesvereins für unwirksam hielt.

Ist die fristgerechte Kündigung des Mietvertrages vom 04.03.2002 wirksam?

Gemäß § 542 Abs. 1 kann ein Mietvertrag über unbestimmte Zeit von jeder Vertragspartei nach den gesetzlichen Vorschriften, d.h. unter Einhaltung der gesetzlichen oder vereinbarten Kündigungsfrist, aber ohne besonderen Grund, beendet werden.

Die fristgerechte Kündigung des Mietvertrages vom 04.03.2002 ist daher wirksam, wenn zwischen E, B und dem Landesverein einerseits und FS andererseits überhaupt ein wirksamer Mietvertrag über unbestimmte Zeit bestanden hat und die von Rechtsanwältin R abgegebene Kündigungserklärung wirksam ist.

A. Zunächst muss überhaupt ein **wirksamer Mietvertrag** zwischen E, B, und dem Landesverein einerseits und FS andererseits bestanden haben.

I. Ein Mietvertrag über das Grundstück wurde 1980 ursprünglich zwischen dem Erblasser – Herrn E.S. – und den Staatlichen Kunstsammlungen D wirksam begründet.

II. Mit dem Tode des Erblassers (1989) übernahmen die Miterben Frau E, Herr B und Frau U gemäß § 1922 Abs. 1 gesamthänderisch die Rechtsstellung des Vermieters.

III. Aufseiten der Mieterin trat mit der Wende am 03.10.1990 FS in den Vertrag ein.

IV. Aufgrund der wirksamen Übertragung des Erbteils der Frau U an den Landesverein gemäß § 2033 Abs. 1 ist dieser 1996 in die vermögensrechtliche Stellung der Frau U am Nachlass eingetreten, sodass seit diesem Zeitpunkt E, B und der Landesverein zur gesamten Hand die Rechtsstellung des Vermieters innehaben. Somit bestand ein wirksamer Mietvertrag über das Grundstück zwischen E, B und dem Landesverein als Vermieter und FS als Mieter.

B. Ferner muss eine **wirksame Kündigungserklärung** aufseiten des Vermieters vorliegen.

Die Kündigung eines Mietverhältnisses ist eine einseitige empfangsbedürftige Willenserklärung, die bei einer Mehrheit von Beteiligten grundsätzlich von allen Beteiligten erklärt werden muss.[67]

I. Daher ist wegen der Personenmehrheit auf Vermieterseite grundsätzlich eine **Kündigungserklärung von E, B und dem Landesverein** erforderlich.

Die von Rechtsanwältin R abgegebene Kündigungserklärung vom 04.03. 2002 wirkt für und gegen E, B und den Landesverein, wenn R sie **gemäß § 164 Abs. 1 S. 1 wirksam vertreten** hat.

1. R hat mit der Kündigungserklärung eine **eigene Willenserklärung** abgegeben und sie hat durch ihr Auftreten „im Namen der Erbengemeinschaft nach E.S." deutlich gemacht, dass sie **im Namen sämtlicher Miterben** handelt.

2. R muss **innerhalb ihrer Vertretungsmacht gehandelt** haben.

a) E und B haben R mit der Kündigung beauftragt und ihr folglich eine **Vollmacht i.S.v. § 167 Abs. 1** erteilt, sodass sie diesbzgl. innerhalb ihrer Vertretungsmacht gehandelt hat und insofern eine wirksame Stellvertretung vorliegt.

b) Vom Landesverein ist R jedoch nicht mit der Kündigung beauftragt worden, sodass sie insofern nicht innerhalb ihrer Vertretungsmacht gehandelt hat und keine wirksame Stellvertretung gegeben ist.

Demzufolge wirkt die von R abgegebene Kündigungserklärung gemäß § 164 Abs. 1 S. 1 nur für und gegen E und B, sodass eine **Kündigungserklärung nur von E und B**, aber nicht vom Landesverein vorliegt.

II. Wegen der Miterbengemeinschaft könnte jedoch ausnahmsweise die **Kündigungserklärung von E und B ausreichend** sein. Gemäß § 2038 Abs. 2 S. 1 i.V.m. § 745 können ordnungsgemäße Verwaltungsmaßnahmen von den Miterben vorgenommen werden, die die Anteilsmehrheit haben.

1. Gemäß § 2040 Abs. 1 können allerdings **Verfügungen über einen Nachlassgegenstand nur gemeinschaftlich** erfolgen. Fraglich ist daher, ob es sich bei der Kündigung des Mietvertrages um eine Verfügung i.S.d. § 2040 handelt.

Unter einer Verfügung i.S.v. § 2040 versteht man jede Übertragung, Änderung oder Aufhebung eines Rechts.[68] **Nach Auffassung des BGH ist auch die Kündigung des Mietverhältnisses eine solche Verfügung**: Die Kün-

67 Hk-BGB/Ebert § 542 Rn. 2.

68 Jauernig/Stürner § 2040 Rn. 3.

digung des Mietverhältnisses sei zwar keine Verfügung über das vermietete Grundstück, wohl aber eine Verfügung über die Rechte aus dem Mietvertrag wie die ebenfalls zu dem Nachlass gehörende Mietzinsforderung. Auch sie gehöre zu den Rechten, auf die sich eine Verfügung i.S.v. § 2040 beziehen könne. Durch die Kündigung des Vertrags werde das Recht aufgehoben, denn damit erlösche der Anspruch der Erbengemeinschaft auf Zahlung des Mietzinses.[69]

Folglich kann die Kündigung des Mietvertrags als Verfügung i.S.v. § 2040 grundsätzlich nur gemeinschaftlich erfolgen.

Beachte: Das Verhältnis von § 2040 zu § 2038 ist umstritten!

2. Umstritten ist, ob die Verfügung auch dann noch von allen gemeinschaftlich beschlossen werden muss, wenn das **Verfügungsgeschäft zugleich eine ordnungsgemäße Verwaltungsmaßnahme** ist, die von der Mehrheit der Miterben vorgenommen werden kann.

a) Ursprünglich ging der **Bundesgerichtshof** davon aus, dass Verfügungen i.S.v. § 2040 Abs. 1 stets sämtliche Miterben gemeinschaftlich vornehmen müssen, auch wenn sie zugleich Maßnahmen der ordnungsgemäßen Nachlassverwaltung sind.[70]

b) In der Literatur werden **verschiedene Ansichten** zu dem Verhältnis zwischen § 2038 und § 2040 vertreten.

aa) Eine Meinung spricht sich für einen Vorrang der Regelung des § 2038 Abs. 1 S. 2 Hs. 1 aus. Danach sollen mehrheitlich beschlossene Maßnahmen der ordnungsgemäßen Nachlassverwaltung auch Verfügungsgeschäfte umfassen.[71]

bb) Die **wohl h.L.** nimmt mit der früheren Rspr. des BGH an, dass auch für Verfügungen über einen Nachlassgegenstand, die zugleich Maßnahmen der ordnungsgemäßen Nachlassverwaltung sind, die speziellere Vorschrift des § 2040 Abs. 1 gelte; danach müssen solche Verfügungen von sämtlichen Miterben gemeinschaftlich vorgenommen werden.[72]

c) Der **12. Senat des BGH** hat sich jedenfalls für den Fall der Kündigung eines Mietverhältnisses der Auffassung angeschlossen, die einen Vorrang der Regelung des § 2038 Abs. 1 S. 2 Hs. 1 annimmt, sodass die Erben ein Mietverhältnis über eine zum Nachlass gehörende Sache wirksam mit Stimmenmehrheit kündigen können, wenn sich die Kündigung als Maßnahme ordnungsgemäßer Nachlassverwaltung darstellt.[73]

Zur Begründung führt der BGH an, dass § 2038 i.V.m. § 745 Abs. 1 es den Erben ermögliche, aufgrund eines Mehrheitsbeschlusses wirksam Verpflichtungsgeschäfte zum Zwecke ordnungsgemäßer Verwaltung abzuschließen und diese Nachlassverwaltung sowohl Geschäftsführung wie Vertretung umfasse, also sowohl das Innen- wie das Außenverhältnis betreffe. Wenn aber die Erben durch Mehrheitsbeschluss im Rahmen der Nachlassverwaltung verbindlich Verträge mit Dritten abschließen und damit obligatorische Rechtspositionen begründen könnten, sei nicht ersichtlich, wieso

69 BGH RÜ 2010, 89, 90.
70 BGH NJW 2006, 439, 440.
71 Frank/Helms § 19 Rn. 19.
72 MünchKomm/Gergen § 2030 Rn. 53 m.w.N.
73 BGH RÜ 2010, 89, 91.

es ihnen verwehrt sein sollte, diese Rechte – ebenfalls mehrheitlich – wieder aufzuheben. Ferner seien die Erben, die sich in der Minderheit befinden, auch ohne ein aus § 2040 Abs. 1 hergeleitetes „Vetorecht" hinreichend geschützt, da sie gerichtlich überprüfen lassen können, ob der Mehrheitsbeschluss den Anforderungen einer ordnungsgemäßen Verwaltung genüge.

d) Stellungnahme: Die Begründung des 12. Zivilsenats überzeugt. Wenn die Eingehung der Verbindlichkeit nur durch Mehrheitsbeschluss erfolgen kann, muss auch die Beendigung durch Mehrheitsbeschluss möglich sein – auch wenn darin rechtlich eine Verfügung zu sehen ist.

3. Demnach reicht zumindest für den Fall der Kündigung eines Mietverhältnisses die Anteilsmehrheit der Miterben, wenn es sich im konkreten Fall um eine **Maßnahme ordnungsgemäßer Verwaltung** handelt.

Bei Notverwaltungsmaßnahmen entspricht es h.Lit. sowie Rspr., dass es ein Notverfügungsrecht des einzelnen Miterben gibt.[74]

Ordnungsgemäße Verwaltungsmaßnahmen sind solche, die der Beschaffenheit des Gegenstandes dienen, dem Interesse aller Miterben nach billigem Ermessen entsprechen und keine wesentliche Veränderung des Gegenstands, also des gesamten Nachlasses sind, vgl. § 745 Abs. 1–3.

Das mit FS bestehende Mietverhältnis brachte den Miterben lediglich eine Miete i.H.v. 204,13 € monatlich, während die ortsübliche Miete für das konkrete Grundstück 4.078 € betrug. Einen derart ungünstigen Mietvertrag zu kündigen, um das Grundstück anderweitig gewinnbringender nutzen zu können, dient der besseren Nutzung eines Nachlassgegenstands. Ferner entspricht die wirtschaftlich vernünftige Kündigung dem Interesse aller Miterben nach billigem Ermessen, da sie nicht zu einer Entwertung des Nachlasses führt, sondern vielmehr zu einer Wertsteigerung. Schließlich ist damit auch keine wesentliche Veränderung des gesamten Nachlasses verbunden. Demnach stellt die Kündigung des bestehenden Mietvertrages mit FS eine ordnungsgemäße Verwaltungsmaßnahme dar.

Infolgedessen reichte für die Kündigung gemäß § 2038 Abs. 2 S. 1 i.V.m. § 745 Abs. 1 Stimmenmehrheit, die sich nach der Größe der Anteile berechnet. Die Miterben E und B, die – vertreten durch R (s.o.) – eine Kündigungserklärung abgegeben haben, besitzen 3/4 der Erbanteile und damit die Stimmenmehrheit.

Demzufolge reicht gemäß § 2038 Abs. 2 S. 1 i.V.m. § 745 Abs. 1 ausnahmsweise die Kündigungserklärung von B und E aus, sodass die Kündigung des Mietverhältnisses vom 04.03.2002 wirksam ist.

74 Brox/Walker § 30 Rn. 20.

3. Rechtsstellung des Vor- und Nacherben

Fall 37: Vor- und Nacherbschaft – § 2113

E hat in einem formgerecht errichteten Testament seine Ehefrau F zur Vorerbin und seinen Sohn S zum Nacherben bestimmt.

Nach dem Tod des E im Oktober 2016 schenkt F dem K, dem besten Freund des verstorbenen E, dessen Motorrad als Erinnerungsstück.

Kann S von K nach dem Tod der F im Februar 2023 Herausgabe des Motorrads gemäß § 985 verlangen, wenn dieser die Verfügung des E kannte?

S könnte gegen K ein Anspruch auf Herausgabe des Motorrads gemäß **§ 985** zustehen.

Dazu muss S Eigentümer und K Besitzer des Motorrads sein und K darf kein Recht zum Besitz i.S.v. § 986 haben.

A. S könnte das **Eigentum** am Motorrad **gemäß §§ 2139, 1922 als Nacherbe des E** mit dem Tod der F im Februar 2023 **erworben** haben.

Gemäß § 2139 fällt die Erbschaft dem Nacherben mit Eintritt des Nacherbfalls an. S hat folglich gemäß §§ 2139, 1922 das Eigentum am Motorrad mit dem Tod der F im Februar 2023 erworben, wenn er zum Nacherben des E berufen ist, der Nacherbfall mit dem Tode der F eingetreten ist und das Motorrad zu diesem Zeitpunkt noch zum Nachlass des E gehört hat.

I. S ist aufgrund der wirksamen testamentarischen Verfügung des E zu dessen **Nacherbe** berufen worden.

II. Gemäß § 2106 Abs. 1 tritt der **Nacherbfall im Zweifel mit dem Tod des Vorerben** ein und E hat keinen anderen Zeitpunkt oder ein anderes Ereignis für den Eintritt des Nacherbfalls bestimmt.

Folglich ist der Nacherbfall mit dem Tod der Vorerbin F eingetreten.

Beachte: Nacherbe beerbt den Erblasser, nicht den Vorerben.

III. Mit dem Eintritt des Nacherbfalls wird der Nacherbe Gesamtrechtsnachfolger des Erblassers, d.h. zu diesem Zeitpunkt wird er insbesondere Eigentümer der zum Nachlass gehörenden Gegenstände.

S hat daher das Eigentum an dem Motorrad gemäß §§ 2139, 1922 Abs. 1 erworben, wenn das **Motorrad zum Zeitpunkt des Todes der F noch Nachlassgegenstand** war.

Ursprünglich gehörte das Motorrad zum Nachlass des E. F könnte das Eigentum am Motorrad jedoch gemäß § 929 S. 1 an K übertragen haben, sodass es zum Zeitpunkt des Todes der F, als der Nacherbfall eingetreten ist, nicht mehr zum Nachlass des E gehört hat.

1. Dazu muss eine **wirksame Übereignung von F an K gemäß § 929 S. 1** vorliegen.

a) F und K haben sich **wirksam über den Eigentumsübergang geeinigt**.

b) F hat dem K das Motorrad **übergeben**.

c) F und K waren sich zur Zeit der Übergabe weiterhin über den Eigentumsübergang einig.

d) F muss zur Übereignung **berechtigt** gewesen sein. Das ist der Fall, wenn sie verfügungsbefugte Eigentümerin des Motorrads war.

aa) F hat mit dem Tod des E als dessen Vorerbin gemäß § 1922 das **Eigentum** erlangt.

bb) Die **Verfügungsbefugnis** der F könnte wegen § 2113 Abs. 2 eingeschränkt sein.

Nach dieser Vorschrift werden unentgeltliche Verfügungen des Vorerben über einen Nachlassgegenstand unter bestimmten Voraussetzungen **mit Eintritt des Nacherbfalls** unwirksam. D.h. diese Verfügungen sind zunächst wirksam, sie werden aber mit dem Eintritt des Nacherbfalls evtl. unwirksam.

Beachte: § 2113 schränkt die Verfügungsbefugnis des Vorerben nicht ein, sondern bewirkt nur, dass bestimmte Verfügungen des Vorerben mit Eintritt des Nacherbfalls unwirksam werden.

Folglich schränkt die Regelung des § 2113 Abs. 2 die Verfügungsbefugnis der F nicht ein, solange sie Vorerbin ist, sodass sie als verfügungsbefugte Eigentümerin des Motorrads zur Eigentumsübertragung berechtigt war.

Daher hat K gemäß § 929 S. 1 das Eigentum am Motorrad durch Einigung und Übergabe erlangt.

2. Der Eigentumserwerb des K könnte jedoch **im Februar 2023 mit dem Tod der F gemäß § 2113 Abs. 2 unwirksam geworden sein**.

Dazu muss eine unentgeltliche Verfügung des Vorerben über einen Erbschaftsgegenstand gegeben sein, die das Recht des Nacherben beeinträchtigt oder vereitelt und der keine Pflicht- oder Anstandsschenkung zugrunde liegt, und der Nacherbfall muss eingetreten sein. Zudem darf kein gutgläubiger Erwerb gemäß § 2113 Abs. 3 i.V.m. § 932 vorliegen.

a) Die Verfügung der F über das Motorrad muss eine **unentgeltliche Verfügung i.S.v. § 2113 Abs. 2** sein.

Eine Verfügung ist unentgeltlich i.S.d. § 2113 Abs. 2, wenn – **objektiv** betrachtet – die durch die Verfügung eintretende Verringerung des Nachlasses nicht durch Zuführung eines entsprechenden Vermögensvorteils aufgewogen wird und – **subjektiv** betrachtet – der Vorerbe weiß oder zumindest hätte erkennen müssen, dass dem Nachlass eine gleichwertige Gegenleistung nicht zufließt.[75]

Beachte: Unentgeltlichkeit der Verfügung i.S.v. § 2113 Abs. 2 bestimmt sich nach objektiven und subjektiven Kriterien.

Die Eigentumsübertragung von F an K erfolgt ohne Gegenleistung des K an die Erbmasse und F weiß auch, dass dem Nachlass keine gleichwertige Gegenleistung zufließt. Daher ist eine unentgeltliche Verfügung über einen Nachlassgegenstand i.S.v. § 2113 Abs. 2 gegeben.

b) Die unentgeltliche Verfügung der F über das Motorrad ist für S wirtschaftlich nachteilig, sodass sein **Recht als Nacherbe beeinträchtigt** wird.

c) Es handelt sich bei der unentgeltlichen Zuwendung des Motorrads von F an K auch **nicht um eine Pflicht- oder Anstandsschenkung**.

d) Gemäß § 2106 ist der **Nacherbfall mit Tod der F eingetreten**.

---

75 Hk-BGB/Hoeren § 2113 Rn. 15.

e) K kannte die Verfügung des E und wusste daher von der Vor- und Nacherbschaft, sodass ein gutgläubiger Erwerb gemäß § 2113 Abs. 3 i.V.m. § 932 ausscheidet.

Beachte: Bei gutgläubigem Erwerb des K hätte S einen schuldrechtlichen Herausgabeanspruch gemäß § 816 Abs. 1 S. 2.

Daher ist die Verfügung der F mit ihrem Tod gemäß § 2113 Abs. 2 unwirksam geworden, sodass das Motorrad zur Zeit des Nacherbfalls noch Nachlassgegenstand war.

Somit ist S gemäß §§ 2139, 1922 Eigentümer des Motorrads geworden.

B. K hat das Motorrad **in unmittelbarem Besitz**.

C. K darf **kein Recht zum Besitz i.S.v. § 986** zustehen.

Zwar haben F und K einen wirksamen Schenkungsvertrag i.S.v. §§ 516, 518 abgeschlossen. Jedoch gilt dieser nicht für den Nacherben S, da vom Vorerben abgeschlossene Verpflichtungsverträge eine Haftung des Nacherben nur begründen, wenn der Vorerbe im Rahmen einer ordnungsgemäßen Verwaltung gehandelt hat, wozu eine Schenkung von Nachlassgegenständen nicht gerechnet werden kann.[76]

Infolgedessen kann S von K Herausgabe des Motorrads gemäß § 985 verlangen.

76 Hk-BGB/Hoeren § 2113 Rn. 16.

4. Erbschein

Fall 38: Gutgläubiger Erwerb vom Erbscheinsinhaber – §§ 2365–2366

Nach dem Tod des verwitweten E im Januar 2023 wird seinem Freund F vom Nachlassgericht aufgrund eines formwirksamen Testaments von 2012 ein Erbschein erteilt, der F zum Alleinerben ausweist.

Im Februar 2023 verkauft F die Waffensammlung des E an den Z – einen Schützenbruder des Verstorbenen. Nach Zahlung des Kaufpreises werden die Waffen dem Z von F übergeben.

Im März 2023 wird ein formgerecht errichtetes Testament des E aus dem Jahre 2016 gefunden, in welchem er seine Tochter T zur Alleinerbin eingesetzt hat.

Ist Z Eigentümer der Waffensammlung geworden?

A. Z könnte von F durch Einigung und Übergabe gemäß **§ 929 S. 1** Eigentum an der Waffensammlung erworben haben.

I. F und Z haben sich **wirksam über den Eigentumsübergang geeinigt**.

II. F hat dem Z die Waffensammlung **übergeben**.

III. F und Z waren sich zur Zeit der Übergabe weiterhin über den Eigentumsübergang einig.

IV. F muss zur Übereignung **berechtigt** gewesen sein.

1. Berechtigt ist zunächst der **verfügungsbefugte Eigentümer**.

D.h. F war zur Eigentumsübertragung an Z berechtigt, wenn er verfügungsbefugter Eigentümer der Waffensammlung war.

F könnte das Eigentum an der Waffensammlung gemäß § 1922 Abs. 1 als Erbe des E mit dessen Tod im Januar 2023 erworben haben.

F könnte aufgrund der testamentarischen Verfügung des E aus dem Jahre 2012 gemäß §§ 1937, 1922 Erbe des E geworden sein.

Beachte: Inzidente Prüfungen müssen in der Klausur sauber dargestellt werden, damit sie dem Leser verständlich sind und nachvollzogen werden können.

a) Dazu muss E im Jahre 2012 ein wirksames Testament zugunsten des F errichtet haben.

aa) Von der **Testierfähigkeit** des E im Jahre 2012 ist mangels gegenteiliger Angaben auszugehen.

bb) E hat eindeutig zum Ausdruck gebracht, dass er seinen Freund F zum Alleinerben einsetzen möchte, sodass der **Inhalt** der Erklärung keiner Auslegung bedarf.

cc) Es greifen auch weder Unwirksamkeits- noch Nichtigkeitsgründe ein, sodass die Verfügung **wirksam** ist.

dd) E hat 2012 ein **formgerechtes Testament** errichtet.

b) Die Erbeinsetzung des F könnte durch einen Widerruf seitens E **nachträglich beseitigt** worden sein.

Der Erblasser kann gemäß § 2253 seine testamentarischen Verfügungen jederzeit und ohne Grund widerrufen; dafür stehen ihm gemäß §§ 2254 ff. verschiedene Widerrufsmöglichkeiten zur Verfügung.

E könnte die Erbeinsetzung des F durch ein widersprechendes Testament gemäß § 2258 wirksam widerrufen haben.

Dazu muss E zeitlich nach der Errichtung des Testaments zugunsten des F ein weiteres Testament errichtet haben, dessen Anordnungen zu den Verfügungen des früheren Testaments in Widerspruch stehen, und diese Verfügung darf ihrerseits nicht nachträglich beseitigt worden sein.

aa) E könnte mit der **Verfügung von 2016** eine wirksame Verfügung zugunsten der T und damit ein widersprechendes Testament i.S.v. § 2258 errichtet haben.

(1) Von der **Testierfähigkeit** des E im Jahre 2016 ist mangels gegenteiliger Angaben auszugehen.

(2) E hat in dem Testament von 2016 seine Tochter T zur Alleinerbin bestimmt. Der **Inhalt** dieser Verfügung steht in Widerspruch zu der testamentarischen Anordnung aus dem Jahr 2012, nach der F Alleinerbe des E sein sollte, sodass die Erbeinsetzung des F durch die neue Verfügung zugunsten der T von E gemäß § 2258 aufgehoben worden ist.

(3) Es greifen auch weder Unwirksamkeits- noch Nichtigkeitsgründe ein, sodass die Verfügung **wirksam** ist.

(4) E hat 2016 ein **formgerechtes Testament** errichtet.

Somit hat E 2016 ein wirksames widersprechendes Testament zugunsten der T errichtet, durch welches die Erbeinsetzung des F widerrufen wurde.

bb) E hat den Widerruf auch **nicht nachträglich beseitigt**.

Daher ist nicht der F, sondern die T Erbin des E geworden, sodass F das Eigentum an der Waffensammlung nicht gemäß § 1922 Abs. 1 erworben hat. Folglich war F nicht Eigentümer der Waffensammlung, als er diese dem Z übereignen wollte.

2. F ist auch nicht wegen gesetzlicher Verfügungsbefugnis oder Zustimmung des Berechtigten als Nichteigentümer zur Verfügung berechtigt.

Somit war F nicht zur Übereignung berechtigt, sodass Z das Eigentum an der Waffensammlung nicht gemäß § 929 S. 1 von F erworben hat.

B. Z könnte von F durch gutgläubigen Erwerb gemäß **§§ 929 S. 1, 932** das Eigentum an der Waffensammlung erworben haben.

I. F und Z haben sich wirksam über den Eigentumsübergang geeinigt, die Übergabe der Waffensammlung ist erfolgt und F und Z waren sich zu diesem Zeitpunkt weiterhin einig.

II. Das fehlende Eigentum des Veräußerers F (s.o.) könnte unter den **Voraussetzungen des § 932 Abs. 1 S. 1** überwunden worden sein.

1. Mit der Veräußerung der Waffensammlung liegt ein **Rechtsgeschäft i.S.e. Verkehrsgeschäfts** vor.

2. F hatte die Waffensammlung in seinem Besitz, sodass der **Rechtsschein des Besitzes auf Veräußererseite** gegeben war.

3. Z war im Hinblick auf die Eigentümerstellung des F auch **gutgläubig i.S.v. § 932 Abs. 2**.

Beachte: Erwerber muss z. Zt. der *Vollendung des Rechtserwerbs* gutgläubig *bzgl. des Eigentums* des Veräußerers sein.

4. Ein gutgläubiger Eigentumserwerb des Z könnte jedoch **gemäß § 935 Abs. 1 ausgeschlossen** sein. Danach scheidet ein gutgläubiger Erwerb nach den §§ 932 ff. aus, wenn die Sache dem Eigentümer abhanden gekommen ist.

Eigentümerin der Waffensammlung ist mit dem Tod des E gemäß § 1922 Abs. 1 seine Tochter T aufgrund des wirksamen Testaments von 2016 geworden (s.o.).

T könnte die Waffensammlung **abhanden gekommen** sein.

Abhandenkommen i.S.v. § 935 Abs. 1 liegt vor, wenn der Eigentümer den unmittelbaren Besitz ohne seinen Willen verliert.[77]

Abhandenkommen i.S.v. § 935 Abs. 1 (+), wenn Eigentümer unmittelbaren Besitz ohne seinen Willen verliert.

T hat als Erbin des E gemäß § 857 den Besitz an der Waffensammlung so erlangt, wie er beim Erblasser bestanden hat. Da E zur Zeit seines Todes unmittelbarer Besitzer war, hat T demnach gemäß § 857 ebenfalls unmittelbaren Besitz an den Waffen erlangt. Diesen hat sie durch die Veräußerung des F an den Z ohne ihren Willen verloren, sodass die Waffensammlung der T abhanden gekommen ist.

Folglich scheidet ein gutgläubiger Erwerb gemäß §§ 932 ff. aus, sodass Z das Eigentum nicht gemäß §§ 929 S. 1, 932 erlangt hat.

C. Z könnte von F durch gutgläubigen Erwerb gemäß **§§ 929 S. 1, 2366** Eigentum an der Waffensammlung erworben haben.

I. F und Z haben sich wirksam über den Eigentumsübergang geeinigt, die Übergabe der Waffensammlung ist erfolgt und F und Z waren sich zu diesem Zeitpunkt weiterhin einig.

II. F ist in einem Erbschein als Erbe des E ausgewiesen, sodass seine fehlende Berechtigung zur Eigentumsübertragung **gemäß § 2366 durch den öffentlichen Glauben des Erbscheins überwunden** worden sein könnte.

Gemäß § 2365 wird zugunsten des im Erbschein als Erben Ausgewiesenen vermutet, dass ihm das angegebene Erbrecht zusteht **und** er nicht durch andere als die angegebenen Anordnungen beschränkt ist. Derjenige, der gutgläubig vom Erbscheinserben durch Rechtsgeschäft einen Erbschaftsgegenstand erwirbt, wird gemäß § 2366 in seinem Vertrauen auf das Bestehen des Erbrechts, so wie es in dem Erbschein ausgewiesen ist, geschützt. D.h. der gutgläubige Dritte wird aufgrund des Erbscheins so gestellt, als hätte er das Rechtsgeschäft mit dem wahren Erben abgeschlossen.

Beachte: Gemäß § 2365 hat der Erbschein eine Vermutung der Richtigkeit und Vollständigkeit für sich *(doppelte Vermutung)*.

Z könnte daher aufgrund des Erbscheins gemäß § 2366 so zu behandeln sein, als ob F der wahre Erbe des E ist.

1. Dazu müssen die **Voraussetzungen des § 2366** gegeben sein.

a) § 2366 erfordert eine **rechtsgeschäftliche Verfügung des Erbscheinserben über einen Nachlassgegenstand**.

F wollte die Waffensammlung des E gemäß § 929 S. 1 an Z übereignen, sodass eine rechtsgeschäftliche Verfügung über einen Nachlassgegenstand vorliegt.

77 Jauernig/Berger § 935 Rn. 3.

Beachte: Der Erbschein ersetzt nur fehlendes Erbrecht des Erbscheinserben, nicht sonstige fehlende Verfügungsberechtigung. D.h., wenn Erblasser nicht Eigentümer des veräußerten Gegenstands war, kann dies nicht durch § 2366, ggf. aber gemäß §§ 932 ff., 892 f. überwunden werden, sodass in einer Klausur evtl. ein gutgläubiger Erwerb durch kumulative Anwendung der Gutglaubensvorschriften zu prüfen ist.

b) Ferner muss der Erwerber davon ausgehen, dass der Veräußerer als Erbe über einen Nachlassgegenstand verfügt (**Bewusstsein des Käufers, den Nachlassgegenstand zu erwerben**).

Der Erwerber Z war ein Schützenbruder des Verstorbenen und wusste daher, dass die Waffensammlung dem E gehört hat. Folglich ging er beim Erwerb der Waffen davon aus, einen Nachlassgegenstand vom Erben zu erwerben.

c) Zudem verlangt § 2366, dass ein **Erbschein vorliegt, der den Veräußerer als Erben ausweist**.

Dem F ist vom Nachlassgericht ein Erbschein erteilt worden, der ihn als Alleinerben des E ausweist. Ob dieser Erbschein bei der Veräußerung der Waffensammlung von F an Z vorgelegt oder auch nur erwähnt wurde oder ob Z von dem Erbschein überhaupt Kenntnis hatte, ist unerheblich, da der öffentliche Glaube des § 2366 allein an die Erteilung des Erbscheins anknüpft.

Beachte: Die Gutgläubigkeit des Dritten entfällt nur bei positiver Kenntnis.

d) Schließlich darf der Erwerber **keine positive Kenntnis von der Unrichtigkeit des Erbscheins** haben oder wissen, dass das Nachlassgericht die Rückgabe des Erbscheins wegen Unrichtigkeit verlangt hat.

Eine derartige Kenntnis liegt aufseiten des Z nicht vor, sodass die Voraussetzungen des § 2366 gegeben sind.

2. Als **Rechtsfolge** ist Z daher gemäß § 2366 aufgrund des öffentlichen Glaubens des Erbscheins so zu behandeln, als ob der F der wahre Erbe des E sei.

Als wahrer Erbe des E hätte F das Eigentum an der Waffensammlung gemäß § 1922 Abs. 1 erworben und wäre daher als verfügungsbefugter Eigentümer zur Übereignung berechtigt gewesen.

Infolgedessen hat Z das Eigentum an der Waffensammlung von F gemäß §§ 929 S. 1, 2366 gutgläubig erworben.

Z ist demzufolge Eigentümer der Waffensammlung geworden.

Fall 39: Erfüllungswirkung bei Leistung an Erbscheinsinhaber – § 2367

E hat dem K eine antike Standuhr zum Preis von 5.000 € verkauft und übereignet. Nach dem Tod der verwitweten E im Februar 2023 wird dem einzigen Sohn S vom Nachlassgericht ein Erbschein erteilt, der ihn als Alleinerben der E ausweist. Ende Februar zahlt K den noch offenen Kaufpreis für die Uhr an S. Kurz darauf findet sich ein formwirksames Testament der E, in welchem sie ihren Bruder B zum Alleinerben bestimmt hat.

B verlangt von K Zahlung i.H.v. 5.000 €, da er und nicht S nach dem Tod der E Forderungsinhaber geworden sei. Zu Recht?

B könnte gegen K ein Anspruch auf Zahlung i.H.v. 5.000 € aus **§ 433 Abs. 2 i.V.m. § 1922 Abs. 1** zustehen.

A. Der **Anspruch** muss **entstanden** sein.

Gemäß § 1922 Abs. 1 geht das Vermögen des Erblassers als Ganzes auf den oder die Erben über. Infolgedessen könnte B gegen K ein Kaufpreiszahlungsanspruch gemäß § 433 Abs. 2 i.H.v. 5.000 € zustehen, wenn E und K einen wirksamen Kaufvertrag abgeschlossen haben und B Erbe der E geworden ist.

I. Erblasserin E hat mit K zu Lebzeiten einen **wirksamen Kaufvertrag** über die Standuhr zu einem Kaufpreis von 5.000 € abgeschlossen.

II. B ist aufgrund des wirksamen Testaments der E **gemäß §§ 1937, 1922 deren Alleinerbe**.

Daher ist ein Anspruch des B gegen K auf Zahlung i.H.v. 5.000 € gemäß § 433 Abs. 2 i.V.m. § 1922 Abs. 1 entstanden.

B. Der Anspruch könnte jedoch wegen der Zahlung der 5.000 € von K an S **untergegangen** sein.

I. Die Zahlung von K an S könnte eine **Erfüllung der Schuld gemäß § 362 Abs. 1** darstellen.

Danach erlischt das Schuldverhältnis, wenn die geschuldete Leistung an den Gläubiger bewirkt wird. § 362 Abs. 1 verlangt also, dass die Leistung an den wirklichen Forderungsinhaber erbracht wird.

Inhaber der Kaufpreisforderung war nach dem Tod der E jedoch der B (s.o.), sodass mit der Zahlung von K an S keine Leistung an den wahren Gläubiger und damit keine Erfüllung gemäß § 362 Abs. 1 vorliegt.

II. B hat dem S keine Ermächtigung i.S.v. § 185 zur Einziehung der 5.000 € erteilt, sodass **eine Erfüllung gemäß § 362 Abs. 2 i.V.m. § 185 ausscheidet**.

III. S ist in einem Erbschein als Erbe der E ausgewiesen, sodass seine fehlende Berechtigung zur Einziehung der 5.000 € gemäß § 2367 durch den öffentlichen Glauben des Erbscheins überwunden worden sein könnte und daher eine Erfüllung **gemäß § 362 Abs. 1 i.V.m. § 2367** gegeben sein könnte.

Gemäß § 2365 hat der Erbschein eine Vermutung der Richtigkeit und Vollständigkeit für sich. Derjenige, der gutgläubig an den Erbscheinerben aufgrund eines zur Erbschaft gehörenden Rechts eine Leistung bewirkt, wird gemäß § 2367 in seinem Vertrauen auf das Bestehen des Erbrechts, so wie es in dem Erbschein ausgewiesen ist, geschützt. D.h. der gutgläubige Dritte wird aufgrund des Erbscheins so gestellt, als hätte er die Leistung an den wahren Erben erbracht.

K könnte daher aufgrund des Erbscheins gemäß § 2367 so zu behandeln sein, als ob S der wahre Erbe der E ist.

1. Dazu müssen die **Voraussetzungen des § 2367** vorliegen.

Beachte: Auch § 2367 ersetzt nur das fehlende Erbrecht des Erbscheinserben. D.h. wenn die Forderung gar nicht zum Nachlass gehörte, kann dieser Mangel nicht über § 2367, evtl. aber über §§ 407 ff. überwunden werden.

a) § 2367 Fall 1 erfordert die **Leistung eines Dritten an den Erbscheinserben aufgrund eines zur Erbschaft gehörenden Rechts**.

K hat an den S 5.000 € gezahlt, um die Kaufpreisverbindlichkeit, die er gegenüber E begründet hatte und die nach dem Tod der E zu dessen Nachlass zählte, zu erfüllen. Infolgedessen liegt mit der Zahlung von K an S eine Leistung aufgrund einer Nachlassforderung vor.

b) Ferner muss dem **Leistenden bewusst sein, dass er eine Nachlassforderung erfüllt**.

K wusste vom Tod der E und hatte daher das Bewusstsein, eine Nachlassforderung zu erfüllen.

c) Zudem ist auch ein **Erbschein vorhanden, der den S als Erben ausweist**.

d) Schließlich hatte K auch **keine Kenntnis von der Unrichtigkeit des Erbscheins**, sodass die Voraussetzungen des § 2367 gegeben sind.

2. Als **Rechtsfolge** ist K daher gemäß § 2367 Fall 1 aufgrund des öffentlichen Glaubens des Erbscheins so zu behandeln, als ob der S der wahre Erbe der E sei.

Als wahrer Erbe der E hätte S die Kaufpreisforderung gemäß § 1922 Abs. 1 erworben und wäre daher wirklicher Gläubiger gewesen, sodass die Zahlung der 5.000 € eine Erfüllungswirkung gemäß § 362 Abs. 1 gehabt hätte.

Infolgedessen ist K durch seine Zahlung der 5.000 € an S gemäß § 362 Abs. 1 i.V.m. § 2367 von seiner Kaufpreiszahlungspflicht gegenüber B frei geworden.

B steht demzufolge kein Anspruch gegen K aus §§ 433 Abs. 2, 1922 Abs. 1 i.H.v. 5.000 € zu.

4. Teil: Verteilung des Nachlasses

1. Pflichtteilsrecht

Fall 40: Berechnung des Pflichtteils

Als F Anfang 2023 stirbt, hinterlässt sie ihren Mann M, die gemeinsamen Kinder S und T sowie N, ihren Sohn aus erster Ehe. Ihr Vermögen beträgt zum Zeitpunkt ihres Todes 100.000 €.

F hat 2016 ein formwirksames Testament errichtet, in welchem sie M und N zu gleichen Teilen zu ihren Erben berufen hat. T hat wirksam auf ihr Erb- und Pflichtteilsrecht verzichtet.

Nach der Testamentseröffnung ist M enttäuscht, dass seine Frau die gemeinsamen Kinder nicht bedacht hat, und schlägt daher die Erbschaft aus.

S fragt, ob und in welcher Höhe ihm gegen N Pflichtteilsansprüche zustehen.

S könnte gegen N gemäß **§ 2303 Abs. 1** ein Pflichtteilsanspruch zustehen.

A. S muss zunächst überhaupt **pflichtteilsberechtigt** sein.

Pflichtteilsberechtigt sind: Abkömmlinge, Ehegatten, gleichgeschlechtliche Lebenspartner und Eltern, wenn sie von der Erbfolge durch Verfügung von Todes wegen ausgeschlossen worden sind.

Gemäß § 2303 Abs. 1 S. 1 steht einem Abkömmling, der durch Verfügung von Todes wegen von der Erbfolge ausgeschlossen ist, ein Pflichtteilsanspruch gegen den Erben zu.

S ist Abkömmling der verstorbenen F und er wurde durch das wirksame Testament aus dem Jahre 2016 nicht bedacht, sodass er durch Verfügung von Todes wegen von der Erbfolge ausgeschlossen worden ist.

Infolgedessen ist S gemäß § 2303 Abs. 1 S. 1 pflichtteilsberechtigt.

B. Fraglich ist, **in welcher Höhe dem S ein Pflichtteilsanspruch zusteht**.

Gemäß § 2303 Abs. 1 S. 2 besteht der Pflichtteil in der Hälfte des gesetzlichen Erbteils. Folglich muss der gesetzliche Erbteil des S ermittelt werden, um die Höhe seines Pflichtteilsanspruchs feststellen zu können.

I. Pflichtteilsanspruch bei normaler gesetzlicher Erbfolge

Bei gesetzlicher Erbfolge hätte der M neben den Abkömmlingen seiner Frau, die gemäß § 1924 Abs. 1 Erben erster Ordnung sind, gemäß § 1931 Abs. 1 S. 1 1/4 des Nachlasses erhalten. Dieser Erbteil wäre gemäß § 1931 Abs. 3 i.V.m. § 1371 Abs. 1 um 1/4 erhöht worden. M hätte die F daher bei gesetzlicher Erbfolge zu 1/2 beerbt.

Die andere Hälfte des Nachlasses der F wäre gemäß § 1924 Abs. 1 und 4 zu gleichen Teilen an die Abkömmlinge S, T und N gefallen, sodass die drei Kinder der F bei gesetzlicher Erbfolge ihre Erben zu je 1/6 geworden wären.

Danach stünde dem S ein Pflichtteilsanspruch i.H.v. 1/12 des Nachlasswertes gegen den Erben N zu, sodass er von N Zahlung i.H.v. 8.333, 33 € verlangen könnte.

II. Korrektur gemäß § 2310

Möglicherweise wirkt es sich auf die Pflichtteilsquote des S aus, dass er und seine Schwester durch die letztwillige Verfügung der F von der Erbfolge ausgeschlossen worden sind, M die Erbschaft ausgeschlagen und T auf ihr Erb- und Pflichtteilsrecht verzichtet hat.

Sinn des § 2310 S. 1: Der zugrunde zu legende Erbteil eines Pflichtteilsberechtigten soll sich nicht deshalb vergrößern, nur weil bei Miterben persönliche Ausschließungsgründe vorliegen.

1. Gemäß § 2310 S. 1 werden bei der Feststellung des für die Berechnung des Pflichtteils maßgebenden Erbteils u.a. diejenigen mitgezählt, die durch Verfügung von Todes wegen enterbt worden sind und die die Erbschaft ausgeschlagen haben.

Daher wirkt sich die Enterbung von S und T durch das Testament der F nicht auf die Pflichtteilsquote des S aus und auch die Ausschlagung der Erbschaft durch den M verändert die Berechnungsgrundlage nicht.

2. Demgegenüber wird derjenige, der durch **Erbverzicht** von der gesetzlichen Erbfolge ausgeschlossen ist, bei der Feststellung des für die Berechnung des Pflichtteils maßgebenden Erbteils **gemäß § 2310 S. 2** nicht mitgezählt.

Sinn des § 2310 S. 2: Pflichtteile der übrigen Berechtigten sollen sich bei Erbverzicht erhöhen, weil dieser i.d.R. mit einer den Nachlass schmälernden Abfindungszahlung verbunden ist.

Infolgedessen ist die T bei der Feststellung der für die Berechnung des Pflichtteils maßgebenden Erbteile nicht mitzuzählen.

Unter Berücksichtigung des § 2310 ergibt sich daher, dass M bei gesetzlicher Erbfolge zu 1/2 (§§ 1931 Abs. 1, 3, 1371 Abs. 1) Erbe der F geworden wäre und die andere Hälfte zu gleichen Teilen an N und S gefallen wäre (§ 1924 Abs. 1, 4), die demnach Erben der F zu je 1/4 geworden wären.

Somit beträgt der Pflichtteil des S 1/8 des Nachlasswertes der F, sodass er gemäß § 2303 Abs. 1 S. 2 von N Zahlung von 12.500 € verlangen kann.

S steht daher gemäß § 2303 Abs. 1 gegen N ein auf Geldzahlung gerichteter schuldrechtlicher Anspruch i.H.v. 12.500 € zu.

Fall 41: Pflichtteilsrestanspruch gemäß § 2305 – Pflichtteil des Ehegatten bei Zugewinngemeinschaft

2019 heiratete der damals 83-jährige M die F. Sein Vermögen betrug zu diesem Zeitpunkt 800.000 €. Im Juni 2020 errichtete er ein formwirksames Testament, wonach seine einzige Tochter T, die aus seiner früheren Ehe mit der X stammte, ihn zu 7/8 und die F zu 1/8 beerben sollten.

Nach dem Tod des M im Mai 2023 ist die F über die testamentarischen Verfügungen enttäuscht und fragt nach ihren Möglichkeiten und Ansprüchen. Der Nachlass des M besteht insgesamt aus 800.000 €. F hat während der Ehe mit dem M keinen Zugewinn erzielt.

A. Rechtslage der F nach dem Testament des M vom Juni 2020

I. F ist gemäß §§ 1937, 1922 aufgrund der wirksamen testamentarischen Verfügung vom Juni 2020 **Erbin des M zu 1/8** geworden. Sie bildet daher mit der T, die aufgrund der testamentarischen Anordnung des M zu 7/8 seine Erbin geworden ist, eine Miterbengemeinschaft gemäß §§ 2032 ff.

Der Nachlass des M wird folglich zunächst gemeinschaftliches Vermögen von T und F. Bei Auseinandersetzung der Erbengemeinschaft (vgl. §§ 2042 ff.) steht F ein schuldrechtlicher Anspruch gegen T gemäß § 2047 Abs. 1 auf 1/8 des nach Begleichung der Nachlassverbindlichkeiten verbleibenden Überschusses zu, sodass sie vom Vermögen des M, das 800.000 € beträgt, nach Auseinandersetzung der Miterbengemeinschaft letztlich 100.000 € erhalten würde.

II. F könnte darüber hinaus **gemäß § 2305 ein sogenannter Pflichtteilsrestanspruch** gegen die T zustehen.

Danach kann ein Pflichtteilsberechtigter, dem ein Erbteil hinterlassen worden ist, der geringer ist als die Hälfte des gesetzlichen Erbteils, vom Miterben als Pflichtteil den Wert des an der Hälfte fehlenden Teils verlangen.

Sinn des § 2305: Verhinderung der Umgehung des Pflichtteilsrechts durch Erbeinsetzung des an sich Pflichtteilsberechtigten mit einer Quote, die geringer ist als der Pflichtteil.

1. Voraussetzung eines solchen Pflichtteilsrestanspruchs gemäß § 2305 ist, dass F an sich pflichtteilsberechtigt ist und ihr durch die testamentarische Erbeinsetzung weniger zugewandt worden ist, als sie über ihren Pflichtteil erhalten sollte.

a) F ist als Ehefrau des Erblassers M gemäß § 2303 Abs. 2 **pflichtteilsberechtigt**.

b) F muss durch die Erbeinsetzung im Testament **weniger erhalten haben, als ihr über das Pflichtteilsrecht zustünde**.

Der Pflichtteil beträgt gemäß § 2303 Abs. 1 S. 2 die Hälfte des gesetzlichen Erbteils. Bei gesetzlicher Erbfolge hätte F neben der Tochter ihres Mannes, die gemäß § 1924 Abs. 1 Erbin erster Ordnung ist, gemäß § 1931 Abs. 1 S. 1 1/4 des Nachlasses erhalten. Dieser Erbteil wäre gemäß § 1931 Abs. 3 i.V.m. § 1371 Abs. 1 um 1/4 erhöht worden. F hätte den M daher bei gesetzlicher Erbfolge zu 1/2 beerbt.

Fraglich ist, ob im Rahmen des § 2305 bei der Pflichtteilsberechnung vom erhöhten oder nicht erhöhten gesetzlichen Erbteil des Ehegatten auszugehen ist.

Kleiner Pflichtteil: Berechnet aus dem nicht erhöhten gesetzlichen Erbteil.

Nach § 1371 Abs. 2 berechnet sich der Pflichtteil des überlebenden Ehegatten aus dem nicht erhöhten gesetzlichen Erbteil – sogenannter **kleiner Pflichtteil** –, wenn der Ehegatte nicht Erbe wird und ihm auch kein Vermächtnis zusteht. Dies gilt gemäß § 1371 Abs. 3, der ein Unterfall des § 1371 Abs. 2 ist, auch, wenn der Ehegatte die Erbschaft oder das Vermächtnis ausschlägt.

Großer Pflichtteil: Berechnet aus dem erhöhten gesetzlichen Erbteil.

Aus einem Umkehrschluss zu § 1371 Abs. 2, 3 folgt daher, dass der Pflichtteil des Ehegatten aus dem erhöhten gesetzlichen Erbteil zu berechnen ist – sogenannter **großer Pflichtteil** –, wenn der Ehegatte Erbe oder Vermächtnisnehmer wird und die Erbschaft bzw. das Vermächtnis nicht ausschlägt.

F ist Erbin des M geworden, sodass der große Pflichtteil zugrunde zu legen ist. Infolgedessen beträgt der Pflichtteil der F gemäß § 2303 Abs. 1 S. 2 1/4 des Nachlasswertes des M, sodass ihr durch die testamentarische Erbeinsetzung zu 1/8 weniger zugewandt worden ist, als sie über das Pflichtteilsrecht erhalten sollte.

Die Voraussetzungen des § 2305 liegen demnach vor.

2. Als **Rechtsfolge** kann der Pflichtteilsberechtigte gemäß § 2305 vom Miterben den Wert des an der Hälfte fehlenden Teils als Pflichtteil verlangen.

Da F 1/4 des Nachlasswerts des M als Pflichtteil erhalten hätte, ihr aber durch das Testament nur 1/8 zugewendet worden ist, kann sie von T 1/8 des Nachlasswerts als Pflichtteil verlangen.

F steht daher gegen T ein Pflichtteilsrestanspruch i.H.v. 100.000 € gemäß § 2305 zu.

III. Ergebnis zu A.: Die Rechtslage für die F stellt sich nach dem Testament vom Juni 2020 so dar, dass ihr als Erbin des M zu 1/8 von dessen Vermögen 100.000 € zufallen und ihr gemäß § 2305 ein Anspruch auf weitere 100.000 € zusteht, sodass sie insgesamt 200.000 € erhält.

B. Anfechtung des Testaments gemäß §§ 2078 ff.

Zu erwägen ist, ob F das Testament des M gemäß §§ 2078 ff. anfechten kann, sodass M nach der gesetzlichen Erbfolge gemäß §§ 1924 ff. beerbt wird.

Bei gesetzlicher Erbfolge wäre F gemäß §§ 1931 Abs. 1, 3, 1371 Abs. 1 Erbin des M zu 1/2 (s.o.) und T erhielte gemäß § 1924 Abs. 1 als einzige Erbin erster Ordnung die andere Hälfte des Nachlasses.

Folglich würde der F nach Auseinandersetzung der Erbengemeinschaft gemäß § 2047 Abs. 1 ein schuldrechtlicher Anspruch auf 400.000 € zustehen.

Um die testamentarischen Verfügungen des M erfolgreich anfechten zu können, muss F zunächst einen **Anfechtungsgrund** haben.

I. In Betracht kommt eine Anfechtung **gemäß § 2079 wegen Übergehung eines Pflichtteilsberechtigten**.

F ist durch die Ehe mit dem M im Jahre 2019 gemäß § 2303 Abs. 2 pflichtteilsberechtigt geworden. M hat sein Testament aber erst nach der Eheschließung errichtet, also zu einem Zeitpunkt, zu dem F bereits pflichtteilsberechtigt war, und er hat sie in diesem Testament bedacht, sodass keine Übergehung eines Pflichtteilsberechtigten i.S.v. § 2079 gegeben ist.

II. Anfechtungsgründe gemäß § 2078 Abs. 1, 2 sind ebenfalls nicht einschlägig.

Infolgedessen scheidet eine Anfechtung des Testaments durch die F mangels eines Anfechtungsgrundes aus.

C. Ausschlagung der Erbschaft

F könnte die Erbschaft gemäß §§ 1944, 1945 durch Erklärung gegenüber dem Nachlassgericht innerhalb einer Frist von sechs Wochen nach Kenntnis vom Anfall der Erbschaft ausschlagen. Gemäß § 1953 Abs. 1 gilt der Anfall der Erbschaft dann als nicht erfolgt und F könnte gemäß § 1371 Abs. 3 konkreten Zugewinnausgleich und den Pflichtteil verlangen. Infolgedessen ist zu prüfen, ob F bei dieser Vorgehensweise wertmäßig mehr vom Vermögen des M erhalten würde.

I. Gemäß § 1371 Abs. 3 steht dem Ehegatten, der die Erbschaft ausschlägt, ein **konkret berechneter Zugewinnausgleichsanspruch** zu. Der Ausgleichsanspruch richtet sich gemäß § 1371 Abs. 2 nach den §§ 1373–1383, 1390.

Dem Ehegatten, der einen geringeren Zugewinn erzielt hat als der andere, steht gemäß § 1378 Abs. 1 die Hälfte der Differenz der Zugewinne als Ausgleichsforderung zu.

Zugewinn ist nach der Legaldefinition des § 1373 der Betrag, um den das Endvermögen eines Ehegatten, vgl. § 1375 Abs. 1, das Anfangsvermögen, vgl. § 1374 Abs. 1, übersteigt.

Zugewinn = Endvermögen – Anfangsvermögen

Das Vermögen des M betrug sowohl bei der Eheschließung im Jahr 2019 als auch bei seinem Tod im Jahr 2023 800.000 €, sodass er während der Ehe keinen Zugewinn erzielt hat. Da auch die F in diesem Zeitraum keinen Zugewinn erwirtschaftet hat, beläuft sich die Differenz der Zugewinne auf Null, sodass sich rechnerisch kein Zugewinnausgleichsanspruch für F gemäß § 1371 Abs. 3 i.V.m. Abs. 2 i.V.m. § 1378 Abs. 1 ergibt.

II. Gemäß § 1371 Abs. 3 steht dem Ehegatten, der die Erbschaft ausgeschlagen hat, neben dem Zugewinn ein **Pflichtteilsanspruch** zu.

1. Die **Pflichtteilsquote** beträgt gemäß § 2303 Abs. 1 S. 2 die Hälfte des gesetzlichen Erbteils.

Der gesetzliche Erbteil der F beträgt gemäß § 1931 Abs. 1 S. 1 1/4 (s.o.). Die Erhöhung gemäß § 1931 Abs. 3 i.V.m. § 1371 Abs. 1 ist bei der Berechnung des Pflichtteils im Rahmen des § 1371 Abs. 3 nicht zu berücksichtigen, da der Ehegatte bereits einen konkret berechneten Zugewinnausgleichsanspruch erhält (s.o.) und daher über die Berücksichtigung des § 1371 Abs. 1 im Rahmen des Pflichtteilsanspruchs ansonsten auch noch pauschalen Zugewinnausgleich erhalten würde, vgl. § 1371 Abs. 2 a.E. (sogenannter kleiner Pflichtteil).

Also beträgt die Pflichtteilsquote der F die Hälfte des sich aus § 1931 Abs. 1 S. 1 ergebenden Erbteils i.H.v. 1/4, also 1/8. Somit beträgt der Pflichtteilsanspruch der F 1/8 von 800.000 €, also 100.000 €.

2. Da sich rechnerisch für F kein konkreter Zugewinnausgleichsanspruch ergibt, wäre es für sie günstiger, wenn sie auf den kleinen Pflichtteil plus konkreten Zugewinnausgleich verzichten und stattdessen nur den großen Pflichtteil, berechnet aus dem erhöhten gesetzlichen Erbteil (§ 1931 Abs. 1 = 1/4 plus §§ 1931 Abs. 3, 1371 Abs. 1 = 1/4) verlangen könnte.

Die Pflichtteilsquote der F betrüge dann 1/4, sodass ihr ein Pflichtteilsanspruch i.H.v. 200.000 € zustehen würde.

Merke: Nach der herrschenden Einheitstheorie steht dem Ehegatten ein Wahlrecht zwischen kleinem Pflichtteil plus Zugewinn und großem Pflichtteil nicht zu.

Ob dem Ehegatten ein derartiges **Wahlrecht** zwischen kleinem und großem Pflichtteil zusteht, wird unterschiedlich beurteilt.

a) Nach der herrschenden, sogenannten **Einheitstheorie** besteht kein Wahlrecht zwischen dem kleinen Pflichtteil plus Zugewinn einerseits und stattdessen (nur) dem großen Pflichtteil andererseits.[78] Der Gesetzgeber stelle, wenn er den Beteiligten Wahlrechte einräumt, Regeln für die Ausübung, insbesondere Fristen für die Geltendmachung auf. An solchen Ausübungsregeln fehle es in § 1371 Abs. 2, 3, sodass dies zwingend gegen ein Wahlrecht des Ehegatten spreche.

b) Nach der Gegenauffassung, der sogenannten **Wahltheorie**, kann der Ehegatte zwischen kleinem Pflichtteil plus Zugewinn und großem Pflichtteil wählen.[79] Dies folge aus dem Wortlaut des § 1371 Abs. 2: Die Formulierung in § 1371 Abs. 2 a.E. „in diesem Fall" beziehe sich auf den gesamten ersten Halbsatz des § 1371 Abs. 2 – also auch auf die Wendung „kann Ausgleich des Zugewinns verlangen". Folglich stehe dem Ehegatten, der nicht Erbe oder Vermächtnisnehmer wird, der aus dem nicht erhöhten Erbteil berechnete Pflichtteilsanspruch (kleiner Pflichtteil) zu, wenn er konkreten Zugewinnausgleich verlangt; wenn er den konkreten Zugewinnausgleich nicht verlangt, greife die Maßgabe des § 1371 Abs. 2 a.E. nicht ein, sodass dem Ehegatten dann der große Pflichtteil zustehe.

c) Stellungnahme: Zwar mag der Wahltheorie zuzugeben sein, dass der Wortlaut des § 1371 Abs. 2 nicht eindeutig ist, da unklar bleibt, worauf sich die Wendung im letzten Halbsatz „in diesem Fall" konkret bezieht. Der h.M. ist jedoch insoweit zuzustimmen, dass für den Ausschluss eines Wahlrechts das Fehlen jeglicher Ausübungsregeln spricht. Die Wahltheorie führt zu Rechtsunsicherheiten, da der Ehegatte sein Wahlrecht bis zur Verjährung der Pflichtteilsansprüche ausüben könnte. Zudem ist die Wahltheorie für den Schutz des Ehegatten nicht notwendig, da der Gesetzgeber anderweitig Schutznormen eingeführt hat, vgl. z.B. § 2305 ff. Infolgedessen ist der h.M. zu folgen, sodass der F kein Wahlrecht zwischen dem kleinen und großen Pflichtteil zusteht.

Ergebnis zu C.: Bei Ausschlagung der Erbschaft hat F nur einen Pflichtteilsanspruch i.H.v. 100.000 €, da sich rechnerisch kein Zugewinnausgleichsanspruch zu ihren Gunsten ergibt.

D. Endergebnis: F würde folglich bei einer Ausschlagung der Erbschaft ihre Rechtsposition verschlechtern. Sie sollte daher ihre Erbenstellung i.H.v. 1/8 nicht ausschlagen und von T zusätzlich Zahlung des Pflichtteilsrestanspruchs gemäß § 2305 i.H.v. 100.000 € fordern.

---

78 BGHZ 37, 58; Grüneberg/Siede § 1371 Rn. 15.

79 Lange NJW 1965, 369.

Fall 42: Pflichtteil trotz Ausschlagung?

Der verwitwete E hat in einem formwirksamen Testament seine Tochter T zu 1/4 und seinen Sohn S zu 3/4 zu seinen Erben berufen. Da er befürchtet, dass T nach seinem Tod ihr Erbe verschwenden wird, hat er für ihren Erbteil eine Testamentsvollstreckung durch seinen Freund F angeordnet.

Nach dem Tod des E im Januar 2023 schlägt T ihren Erbteil aus und verlangt den Pflichtteil. Steht T ein Pflichtteilsanspruch zu?

T könnte gegen S ein Pflichtteilsanspruch gemäß **§ 2303 Abs. 1** zustehen.

I. Pflichtteilsberechtigung der T

T muss zunächst überhaupt pflichtteilsberechtigt sein. Gemäß § 2301 Abs. 1 S. 1 steht einem Abkömmling, der durch Verfügung von Todes wegen von der Erbfolge ausgeschlossen ist, ein Pflichtteilsanspruch gegen den Erben zu.

T ist zwar Abkömmling des verstorbenen E und gehört damit zum pflichtteilsberechtigten Personenkreis, aber sie wurde vom Erblasser im Testament als Erbin eingesetzt und hat diese Erbenstellung durch Ausschlagung selbst beseitigt. Folglich ist T nicht durch Verfügung von Todes wegen von der Erbfolge ausgeschlossen worden, sodass ihr grundsätzlich kein Pflichtteilsanspruch zusteht.

Gemäß § 2306 Abs. 1 kann der durch Beschränkungen oder Beschwerungen belastete pflichtteilsberechtigte Erbe – unabhängig von der Größe des ihm hinterlassenen Erbteils – den Erbteil ausschlagen und den Pflichtteil verlangen.

Gemäß § 2306 Abs. 1 hat der durch Beschränkungen oder Beschwerungen belastete pflichtteilsberechtigte Erbe ein **generelles Wahlrecht:** er kann entweder den Erbteil mit allen Beschränkungen oder Beschwerungen annehmen oder den Erbteil ausschlagen und den Pflichtteil verlangen.

Infolgedessen ist T wegen der angeordneten Testamentsvollstreckung trotz Ausschlagung pflichtteilsberechtigt.

II. Höhe des Pflichtteilsanspruchs

Fraglich ist, in welcher Höhe der T ein Pflichtteilsanspruch zusteht. Gemäß § 2303 Abs. 1 S. 2 besteht der Pflichtteil in der Hälfte des gesetzlichen Erbteils.

T hätte bei gesetzlicher Erbfolge neben ihrem Bruder S als Erbin erster Ordnung gem. § 1924 Abs. 1, 4 den E zu 1/2 beerbt. Somit steht T gem. § 2303 Abs. 1 S. 2 ein Pflichtteilsanspruch i.H.v. 1/4 des Nachlasswertes des E zu.

Fall 43: Pflichtteilsergänzungsanspruch gemäß § 2325

Der verwitwete E, der am 03.01.2023 verstorben ist und gemäß seines Testaments von seinem Neffen N beerbt wird, hat seinem Freund F am 03.02.2013 einen Oldtimer im Wert von 70.000 € geschenkt. Der einzige Abkömmling des E, sein Sohn S, fragt, in welcher Höhe er von N wegen der Schenkung an F Pflichtteilsergänzung verlangen kann.

S könnte ein **Pflichtteilsergänzungsanspruch gemäß § 2325 Abs. 1** gegen N zustehen.

Sinn des § 2325: Aushöhlung des Pflichtteilsrechts durch Schenkungen unter Lebenden soll verhindert werden.

Ein solcher Anspruch steht S zu, wenn er pflichtteilsberechtigt ist und E innerhalb von 10 Jahren vor dem Erbfall eine Schenkung gemacht hat, bei der es sich nicht um eine Pflicht- oder Anstandsschenkung handelt.

A. S ist Abkömmling des verstorbenen E und er wurde durch dessen Testament nicht bedacht, sodass er durch Verfügung von Todes wegen von der Erbfolge ausgeschlossen und daher gemäß § 2303 Abs. 1 **pflichtteilsberechtigt** ist.

B. Erblasser E hat neun Jahre und elf Monate vor seinem Tod, also **innerhalb von zehn Jahren**, seinem Freund F einen Oldtimer im Wert von 70.000 € geschenkt.

C. Es ist auch **keine Pflicht- oder Anstandsschenkung** gegeben, vgl. § 2330, sodass die Voraussetzungen des § 2325 vorliegen.

Höhe des Pflichtteilsergänzungsanspruchs = Differenz zwischen dem Pflichtteil aus dem tatsächlichen und dem Pflichtteil aus dem erhöhten Nachlasswert.

D. Als **Rechtsfolge** des § 2325 Abs. 1 kann der Pflichtteilsberechtigte als Ergänzung des Pflichtteils den Betrag verlangen, um den sich der Pflichtteil erhöht, wenn der verschenkte Gegenstand dem Erbteil hinzugerechnet wird. D.h. der Pflichtteilsberechtigte erhält als Pflichtteilsergänzung die Differenz zwischen dem Pflichtteil, der sich bei Berechnung des Pflichtteils aus dem tatsächlichen Nachlasswert ergibt, und dem Pflichtteil, der sich bei Hinzurechnung des verschenkten Gegenstands zum Nachlasswert – also dem erhöhten Nachlass – ergibt.

Nach alter Rechtslage – bis 31.12.2009 – galt ein „Alles-oder- Nichts-Prinzip": Selbst wenn die Zehnjahresfrist fast abgelaufen war, wurde die Schenkung komplett berücksichtigt, während sie unberücksichtigt blieb, wenn der Erblasser nur einige Tage nach Ablauf der Zehnjahresfrist starb. Die neue Rechtslage ist mit ihrer Pro-Rata-Lösung zwar komplizierter, dient aber den berechtigten Interessen aller Beteiligten.

§ 2325 Abs. 3 sieht eine **abgestufte Berücksichtigung** von Schenkungen des Erblassers zu Lebzeiten im Pflichtteilsergänzungsanspruch vor: Schenkungen, die innerhalb eines Jahres vor dem Erbfall vorgenommen wurden, werden voll berücksichtigt, liegt die Schenkung länger zurück, wird für jedes Jahr 1/10 weniger berechnet. Infolgedessen wird die Schenkung des E an F, die innerhalb des zehnten Jahres vor dem Erbfall getätigt wurde, noch mit 1/10 – also mit einem Wert von 7.000 € – berücksichtigt.

Somit kann S als Pflichtteilsergänzung gemäß § 2325 Abs. 1 lediglich 3.500 € vom Erben N verlangen.

2. Haftung des Erben

Fall 44: Umfang der Erbenhaftung – Beschränkungsmöglichkeiten

T ist testamentarische Alleinerbin ihres Vaters V. Der Nachlass des V besteht aus einem Hausgrundstück im Wert von 100.000 €, einem Sparbuch mit einem Guthaben von 50.000 € sowie Wertpapieren mit einem momentanen Wert von 100.000 €.

Bei der Sichtung des Nachlasses musste T jedoch auch feststellen, dass ihr Vater einen Kredit bei der B-Bank über 150.000 € aufgenommen hat, den er trotz Fälligkeit noch nicht zurückgezahlt hat. Im Übrigen ist sie sich nicht sicher, ob V nicht noch mehr Verbindlichkeiten gegenüber anderen Personen hatte, da er in seinen Unterlagen keine Ordnung gehalten hat.

T fragt, ob sie für die Verbindlichkeiten ihres Vaters – insbesondere auch mit ihrem Privatvermögen – einstehen muss und welche Möglichkeiten einer Haftungsbeschränkung ihr evtl. zustehen. Eine Ausschlagung der Erbschaft kommt für sie nicht in Betracht.

A. Haftung der T für die Verbindlichkeiten des V

T könnte als Erbin des V gemäß §§ 1937, 1922, 1967 für die Verbindlichkeiten, die der V begründet hat, haften.

Gemäß § 1922 Abs. 1 geht das Vermögen des Erblassers als Ganzes auf den oder die Erben über. D.h. der Erbe tritt an die Stelle des Erblassers, der mangels Rechtsfähigkeit nach seinem Tod nicht mehr Träger von Rechten und Pflichten sein kann.

Merke: Erbe übernimmt nicht nur die Aktiva, sondern auch die Passiva des Erblassers.

Streitig ist, ob der Begriff des Vermögens i.S.v. § 1922 Abs. 1 auch die Verbindlichkeiten des Erblassers umfasst oder nicht.

Gemäß § 1967 Abs. 1 haftet der Erbe jedoch für die Nachlassverbindlichkeiten und dazu gehören gemäß § 1967 Abs. 2 auch die vom Erblasser herrührenden Verbindlichkeiten, die sogenannten **Erblasserschulden**.

Infolgedessen ergibt sich zumindest aus § 1967 eindeutig, dass die Schulden des Erblassers auf den Erben übergehen, sodass der o.g. Streit letztlich keine Relevanz hat und daher keiner Entscheidung bedarf.

Der Erbe übernimmt daher nicht nur die Aktiva, sondern auch die Passiva, also die Schulden, des Erblassers.

Somit haftet die T als testamentarische Erbin ihres Vaters V gemäß §§ 1937, 1922, 1967 für die Verbindlichkeiten, die dieser begründet hat. Insbesondere ist sie gegenüber der B-Bank zur Rückzahlung des Darlehens i.H.v. 150.000 € gemäß § 488 Abs. 1 S. 2 i.V.m. § 1967 verpflichtet.

B. Umfang der Erbenhaftung

Fraglich ist, mit welcher Vermögensmasse die T für die Nachlassverbindlichkeiten haftet.

Beachte: Jeder Erbe haftet grundsätzlich unbeschränkt für die Nachlassverbindlichkeiten, d.h. mit dem Nachlass und seinem Eigenvermögen.

I. In den §§ 1975 ff. ist geregelt, dass jeder Erbe seine Haftung für die Nachlassverbindlichkeiten auf den Nachlass beschränken kann. Aus der Existenz dieser Beschränkungsregeln folgt, dass jeder Erbe **grundsätzlich** für die

Nachlassverbindlichkeiten i**n voller Höhe mit seinem gesamten Vermögen**, d.h. – mit dem Nachlass und mit seinem Eigenvermögen – haftet.

Daher haftet auch T für die Nachlassverbindlichkeiten des V zunächst unbeschränkt mit ihrem gesamten Vermögen. Insbesondere könnte die B-Bank wegen der Rückzahlung der 150.000 € gemäß § 488 Abs. 1 S. 2 i.V.m. § 1967 Zugriff auf das Privatvermögen der T nehmen.

Beachte: Jeder Erbe kann seine Haftung prinzipiell auf den Nachlass beschränken, sodass für die Erbenhaftung grundsätzlich gilt: **Jeder Erbe haftet unbeschränkt, aber beschränkbar auf den Nachlass.**

II. Eventuell besteht für T die **Möglichkeit, die Haftung auf den Nachlass zu beschränken**, sodass ihr Privatvermögen dem Zugriff der Nachlassgläubiger entzogen wird.

Gemäß §§ 1975 ff. bestehen für den Erben verschiedene Möglichkeiten, seine Haftung auf den Nachlass zu beschränken. Zu prüfen ist, welche der vorhandenen Möglichkeiten für T in Betracht kommt.

1. T könnte gemäß § 1981 beim Nachlassgericht eine **Nachlassverwaltung** beantragen.

Beachte: Nachlassverwaltung kann von jedem Erben beantragt werden, ohne dass besondere Voraussetzungen zu erfüllen sind.

Ein solcher Antrag auf Nachlassverwaltung kann vom Erben innerhalb einer Frist von zwei Jahren ab Annahme der Erbschaft (vgl. § 1981 Abs. 2 S. 2) gestellt werden, ohne dass irgendwelche Eröffnungsgründe vorliegen müssen.

Da seit der Annahme der Erbschaft durch die T noch keine zwei Jahre vergangen sind, steht ihr das Recht zu, eine Nachlassverwaltung zu beantragen.

Das Nachlassgericht wird dann einen Nachlassverwalter bestimmen, der den Nachlass in Besitz nimmt und ihn verwaltet, § 1985; T verliert die Befugnis, den Nachlass zu verwalten und über ihn zu verfügen, vgl. § 1984 Abs. 1.

Die Eröffnung der Nachlassverwaltung führt gemäß § 1975 dazu, dass sich die Haftung der Erbin T für die Nachlassverbindlichkeiten auf den Nachlass beschränkt.

Eröffnungsgründe für das Nachlassinsolvenzverfahren sind Zahlungsunfähigkeit, Überschuldung des Nachlasses oder drohende Zahlungsunfähigkeit.

2. Möglicherweise kann T auch die Eröffnung eines **Nachlassinsolvenzverfahrens** gemäß § 1980 Abs. 1 beantragen.

Dann muss ein **Eröffnungsgrund** vorliegen – also gemäß § 1980 Abs. 1 Zahlungsunfähigkeit oder Überschuldung des Nachlasses oder (nur beim Antrag des Erben) gemäß § 320 S. 2 InsO drohende Zahlungsunfähigkeit.

a) Zahlungsunfähigkeit bedeutet Unfähigkeit, die fälligen Zahlungspflichten zu erfüllen und ist i.d.R. bei Zahlungseinstellung anzunehmen.

T könnte aus dem vorhandenen Nachlass die Nachlassverbindlichkeiten, insbesondere die Darlehensrückzahlungspflicht i.H.v. 150.000 € erfüllen, sodass keine Zahlungsunfähigkeit gegeben ist.

b) Überschuldung liegt vor, wenn das Vermögen die bestehenden Verbindlichkeiten nicht mehr deckt, wenn also die Passiva die Aktiva übersteigen.

Der Nachlass des V weist jedoch zumindest zurzeit mehr Aktiva als Passiva auf, sodass keine Überschuldung des Nachlasses gegeben ist.

c) Drohende Zahlungsunfähigkeit liegt gemäß § 18 Abs. 2 InsO vor, wenn der Erbe voraussichtlich nicht in der Lage sein wird, die bestehenden Zahlungspflichten im Zeitpunkt der Fälligkeit zu erfüllen.

Der Nachlass des V erscheint ausreichend, um die Nachlassverbindlichkeiten zu begleichen, sodass auch keine drohende Zahlungsunfähigkeit vorliegt.

Mangels eines Eröffnungsgrundes scheidet daher ein Nachlassinsolvenzverfahren als Möglichkeit, eine Haftungsbeschränkung herbeizuführen, für T aus.

3. T könnte den Nachlassgläubigern **gemäß § 1990 die Dürftigkeitseinrede** entgegenhalten, wenn der Nachlass so gering wäre, dass Nachlassverwaltung und -insolvenz mangels Masse nicht durchgeführt werden können. Folge der Erhebung der Dürftigkeitseinrede ist, dass der Gläubiger sich nur noch aus dem Nachlass befriedigen kann.

Angesichts des vorhandenen Nachlassvermögens wird das Nachlassgericht einen Antrag auf Nachlassverwaltung jedoch nicht gemäß § 1982 mangels Masse ablehnen, sodass der T die Dürftigkeitseinrede gemäß § 1990 nicht zusteht.

T kann daher eine Beschränkung der Haftung auf den Nachlass nur dadurch herbeiführen, dass sie gemäß § 1981 Abs. 1 beim Nachlassgericht eine Nachlassverwaltung beantragt.

Zusatzfrage:

Welche zusätzliche Haftungsbeschränkungsmöglichkeit besteht, wenn T nicht testamentarische Alleinerbin des V geworden ist, sondern V seine Kinder S und T zu gleichen Teilen zu seinen Erben berufen hat?

S und T sind in diesem Fall gemäß §§ 1937, 1922 **Miterben** des V zu je 1/2 geworden und haften gemäß § 2058 für die gemeinschaftlichen Nachlassverbindlichkeiten als Gesamtschuldner.

Auch für Miterben gilt, dass sie grundsätzlich unbeschränkt – also mit ihrem Nachlassanteil und ihrem Eigenvermögen – für die Nachlassverbindlichkeiten haften.

Jedem Miterben steht aber neben den allgemeinen Beschränkungsmöglichkeiten, die sich aus den §§ 1975 ff. ergeben, **gemäß § 2059 Abs. 1 S. 1** bis zur Auseinandersetzung des Nachlasses das Recht zu, die Berichtigung der Nachlassverbindlichkeiten aus seinem Privatvermögen zu verweigern, sogenannte **Einrede des ungeteilten Nachlasses**.

Einrede des ungeteilten Nachlasses: Jeder Miterbe kann bis zur Auseinandersetzung des Nachlasses die Berichtigung der Nachlassverbindlichkeiten aus seinem Privatvermögen verweigern, § 2059 Abs. 1.

Da die Miterbengemeinschaft von S und T noch nicht auseinandergesetzt ist, steht daher sowohl der T als auch dem S – insbesondere gegenüber der B-Bank bzgl. der Darlehensrückzahlungspflicht als Nachlassverbindlichkeit – die Einrede des ungeteilten Nachlasses zu, sodass B insofern nicht auf das Privatvermögen von T und S Zugriff nehmen kann, wenn sie diese Einrede erheben.

5. Teil: Rechtsgeschäfte unter Lebenden auf den Todesfall

Fall 45: Schenkung auf den Todesfall – § 2301

Großvater G besitzt ein altes Mercedes-Cabrio, das er hegt und pflegt. Nachdem er im Alter von 84 Jahren den Wagen nicht mehr selbst fahren und sich auch nicht mehr um die Pflege kümmern konnte, traf er mit seinem Enkel E folgende Absprache: E nimmt das Cabrio in seinen Besitz und pflegt es; dafür darf er bereits jetzt den Wagen selbst nutzen; G bleibt jedoch Eigentümer des Mercedes und erst nach dessen Tod soll der Wagen dem E gehören.

Nach dem Tod des G verlangt die testamentarische Erbin N das Cabrio von E heraus. Zu Recht?

A. N könnte gegen E ein Anspruch auf Herausgabe des Cabrios aus **§ 2018** zustehen.

Dazu müsste E Erbschaftsbesitzer i.S.v. § 2018 sein. E hat den Wagen jedoch nicht aufgrund eines vermeintlichen Erbrechts, sondern aufgrund der Schenkung in Besitz genommen und ist daher kein Erbschaftsbesitzer.

Folglich steht N gegen E kein Anspruch auf Herausgabe des Cabrios aus § 2018 zu.

B. N könnte gegen E ein Anspruch auf Herausgabe des Cabrios aus **§ 985** zustehen.

Ein Herausgabeanspruch aus § 985 steht der N nur zu, wenn sie **Eigentümerin** des Cabrios ist, E Besitzer ist und kein Recht zum Besitz hat.

N könnte das Eigentum an dem Cabrio gemäß § 1922 als Erbin des G mit dessen Tod erworben haben.

N ist aufgrund der testamentarischen Verfügung Alleinerbin des G geworden und gemäß § 1922 Abs. 1 geht das Vermögen des Erblassers als Ganzes auf den Erben über (Universalsukzession).

N hat daher das Eigentum an dem Cabrio gemäß § 1922 Abs. 1 erworben, wenn G zum Zeitpunkt seines Todes noch Eigentümer des Cabrios war.

G war ursprünglich Eigentümer des Cabrios. Er könnte das Eigentum jedoch gemäß §§ 929 S. 1, 158 Abs. 1 an E übertragen haben.

I. G hat sich zu Lebzeiten mit E dahingehend geeinigt, dass diesem das Cabrio gehören sollte, wenn G stirbt. Darin liegt eine auf den Tod des G **befristete Einigung über den Eigentumsübergang** gemäß §§ 929 S. 1, 163, 158 Abs. 1.

II. G hat das Cabrio dem E **übergeben**.

III. G und E waren sich zum Zeitpunkt der Übergabe auch weiterhin über den Eigentumsübergang einig.

IV. G war verfügungsbefugter Eigentümer des Cabrios und daher zur Eigentumsübertragung **berechtigt**.

Mit dem Tod des G ist der für den Eigentumsübergang maßgebliche „Anfangstermin" eingetreten, sodass E in dem Zeitpunkt, in dem G verstorben ist, das Eigentum an dem Cabrio gemäß §§ 929 S. 1, 163, 158 Abs. 1 erlangt hat.

Mangels Eigentümerstellung steht der N daher kein Anspruch gegen E auf Herausgabe des Cabrios gemäß § 985 zu.

C. N könnte gegen E ein Anspruch auf Herausgabe des Cabrios aus **§ 812 Abs. 1 S. 1 Alt. 1** zustehen.

I. E hat Eigentum und Besitz an dem Cabrio und damit **etwas i.S.v. § 812 erlangt**.

II. E muss Eigentum und Besitz am Cabrio **durch Leistung der N** erlangt haben.

Leistung i.S.v. § 812 Abs. 1 S. 1 Alt. 1 ist jede bewusste und zweckgerichtete Mehrung fremden Vermögens zur Erfüllung einer – wenn auch nur vermeintlichen – Verbindlichkeit.

G, dessen Rechtsposition N gemäß § 1922 übernimmt, hat zur Erfüllung seines Schenkungsversprechens das Vermögen des E bewusst und zweckgerichtet gemehrt, sodass eine Leistung der N vorliegt.

III. Ferner muss diese **ohne Rechtsgrund** erfolgt sein. G und E könnten einen wirksamen Schenkungsvertrag gemäß § 516 abgeschlossen haben.

1. E und G haben sich **i.S.v. § 516 geeinigt**.

2. Die Einigung zwischen G und E muss **wirksam** sein.

a) Gemäß § 518 Abs. 1 muss das Schenkungsversprechen notariell beurkundet werden, was hier nicht erfolgt ist, sodass die Einigung grundsätzlich gemäß §§ 125 S. 1, 518 Abs. 2 formnichtig ist.

Der Formmangel ist jedoch gemäß § 518 Abs. 2 geheilt, wenn die versprochene Leistung bewirkt wird.

Mit dem Tod des G ist der E Eigentümer des Cabrios geworden (s.o.). Infolgedessen hat er die Leistung erhalten, die ihm vom G versprochen worden ist, sodass der Formverstoß durch Vollzug der versprochenen Leistung gemäß § 518 Abs. 2 geheilt worden ist.

Somit liegt an sich ein wirksamer Schenkungsvertrag vor.

b) Jedoch könnten **gemäß § 2301 Abs. 1 S. 1** die (Form-)Vorschriften über die Verfügungen von Todes wegen zur Anwendung kommen.

Nach dieser Regelung finden auf ein Schenkungsversprechen, welches unter der Bedingung erteilt worden ist, dass der Beschenkte den Schenker überlebt (sogenannte *Schenkung auf den Todesfall*), die Vorschriften über die Verfügungen von Todes wegen Anwendung.

aa) Daher ist § 2301 Abs. 1 nur einschlägig, wenn eine **Schenkung auf den Todesfall** vorliegt, wenn also das Schenkungsversprechen des G dadurch bedingt ist, dass E den G überlebt.

Zweck des § 2301 Abs. 1: Umgehung zwingender erbrechtlicher Formvorschriften soll verhindert werden.

E sollte das Eigentum an dem Cabrio erst nach dem Tod des G erhalten und zwar als Belohnung für seine Pflege des Wagens zu Lebzeiten des G. Es handelt sich daher um eine persönliche Zuwendung, die nur dem E und nicht seinen potenziellen Erben zugutekommen sollte.

Infolgedessen liegt eine Schenkung auf den Todesfall vor.

Merke: Nach h.M. finden über § 2301 Abs. 1 wegen der system. Stellung der Norm nur die Vorschriften des Erbvertrags Anwendung.

bb) Gemäß § 2301 Abs. 1 S. 1 finden somit die **Vorschriften über die Verfügungen von Todes wegen Anwendung.** Die Bedeutung dieses Verweises auf die erbrechtlichen Vorschriften wird nicht einheitlich beurteilt.

(1) Nach **h.M.** findet wegen der systematischen Stellung des § 2301 im Abschnitt über den Erbvertrag und aufgrund des Vertrags bei der Schenkung die Form des Erbvertrags (§ 2276) Anwendung.[80]

Das Schenkungsversprechen des G erfolgte lediglich mündlich, sodass die Form des § 2276 nicht gewahrt und das Schenkungsversprechen des G nach h.M. daher formnichtig gemäß §§ 125 S. 1, 2276 ist.

(2) Nach **a.A.** finden wegen des Wortlauts des § 2301 Abs. 1 die Vorschriften über alle Verfügungen von Todes wegen Anwendung, also die Formvorschriften über Testamente und Erbverträge.[81] Danach ist zumindest die Form gemäß § 2247 (eigenhändig, handschriftlich, unterschrieben) erforderlich.

Das mündlich erteilte Schenkungsversprechen genügt jedoch nicht der Form des § 2247, sodass auch nach dieser Ansicht Formnichtigkeit gegeben ist.

(3) Da nach beiden Auffassungen ein formnichtiges Schenkungsversprechen gegeben ist, erübrigt sich eine Entscheidung des Meinungsstreits.

Folglich ist der Schenkungsvertrag zwischen G und E grundsätzlich formnichtig.

cc) Möglicherweise unterliegt das Schenkungsversprechen des G jedoch **gemäß § 2301 Abs. 2** den Vorschriften über Schenkungen unter Lebenden, sodass es durch Heilung gemäß § 518 Abs. 2 wirksam ist (s.o.).

Nach dieser Regelung kommen die Vorschriften über Rechtsgeschäfte unter Lebenden zur Anwendung, wenn der Schenker die Schenkung durch Leistung des zugewendeten Gegenstands vollzieht.

Fraglich ist, wann ein solcher Vollzug durch den Schenker vorliegt.

Beachte: § 2301 Abs. 2 verlangt einen Vollzug zu Lebzeiten.

Da der Schenker, also der künftige Erblasser, die Schenkung selber vollziehen muss, ist unstreitig, dass ein **Vollzug zu Lebzeiten** des Erblassers gegeben sein muss.

Merke: Vollzug zu Lebzeiten = gewisser dinglicher Vollzug.

Ferner besteht Einigkeit darüber, dass es sich nicht um einen kompletten dinglichen Vollzug seitens des Erblassers handeln kann, weil ansonsten ein reines Rechtsgeschäft unter Lebenden vorliegt, auf das § 2301 keine Anwendung findet. Also ist ein **„gewisser dinglicher Vollzug"** zu Lebzeiten des Schenkers ausreichend. Streitig ist allerdings, wann ein solcher gewisser dinglicher Vollzug vorliegt.

(1) Die **h.M.** verlangt, dass der Erblasser alles für den Rechtsübergang Erforderliche getan hat.[82]

Da sich mit dem Tod des G der Rechtsübergang von selbst vollzogen hat und E Eigentümer des Cabrios geworden ist, liegt nach h.M. ein gewisser dinglicher Vollzug vor.

---

80 Röthel § 25 Rn. 19.

81 Brox/Walker § 43 Rn. 5.

82 Lange/Kuchinke § 33 IV 2 m.w.N.

(2) Nach **a.A.** ist eine sofortige unmittelbare Vermögensminderung erforderlich.[83]

Da G den unmittelbaren Besitz an dem Cabrio bereits zu Lebzeiten verloren hat, ist eine sofortige und unmittelbare Vermögensminderung aufseiten des G gegeben, sodass auch nach dieser Auffassung ein gewisser dinglicher Vollzug gegeben ist.

(3) Eine **weitere Ansicht** verlangt, dass der Beschenkte eine Art dingliches Erwerbs- oder Anwartschaftsrecht erworben hat, also eine Rechtsposition, die der Erblasser nicht einseitig ohne Weiteres entziehen kann.[84]

E hat zu Lebzeiten des G bereits den unmittelbaren Besitz und ein Recht zu diesem Besitz erhalten, sodass er eine Rechtsposition an dem Cabrio erlangt hat, die der G ihm nicht einseitig entziehen kann. Folglich ist auch nach dieser Auffassung ein gewisser dinglicher Vollzug gegeben.

(4) Somit ist nach allen Ansichten ein Vollzug zu Lebzeiten gegeben, sodass sich eine Streitentscheidung erübrigt. Es gelten daher die §§ 516, 518.

Beachte: Die verschiedenen Ansichten über die Auslegung des § 2301 Abs. 2 kommen i.d.R. zu denselben Ergebnissen.

Der Schenkungsvertrag zwischen G und E ist folglich wirksam (s.o.), sodass ein Rechtsgrund i.S.v. § 812 Abs. 1 besteht.

Demnach besteht kein Anspruch der N gegen den E auf Herausgabe des Cabrios aus § 812 Abs. 1 S. 1 Alt. 1.

Anmerkung:

Streitig ist, ob § 2301 auf Verträge zugunsten Dritter auf den Todesfall gemäß §§ 328, 331 Anwendung findet, wenn im Zuwendungsverhältnis zwischen dem Erblasser und dem Bedachten (Valutaverhältnis) eine Schenkung vorliegt.

*Nach **h.M.** handelt es sich bei dem Vertrag zugunsten eines Dritten auf den Todesfall um ein Rechtsgeschäft unter Lebenden, was sich bereits aus der systematischen Stellung des § 331 ergebe, sodass § 2301 nicht anwendbar ist.*[85]

*Nach **a.A.** ist § 2301 anwendbar, da ansonsten zwingende erbrechtliche Bestimmungen umgangen würden.*[86]

83 Brox/Walker § 43 Rn. 5.

84 MünchKomm/Musielak § 2301 Rn. 19.

85 BGH NJW 2004, 767; Grüneberg/Weidlich § 2301 Rn. 17.

86 Brox/Walker § 43 Rn. 27; Medicus/Petersen, Bürgerliches Recht, Rn. 394 ff.

STICHWORTVERZEICHNIS

Die Zahlen verweisen auf die Seiten.

Abschlussfunktion ... 37, 42
Andeutungstheorie ... 79
Anfechtung des Testaments ... 116
Annulierungsvermerk ... 50
Außenverhältnis ... 96

Beeinträchtigungsabsicht ... 60
Berliner Testament ... 67, 69, 74

Eigenhändiges Testament ... 35, 39, 41
Einheitsprinzip ... 74
Einheitstheorie ... 118
Einrede des ungeteilten Nachlasses ... 123
Empfängerhorizont ... 78
Erbfallschulden ... 97
Erblasserschulden ... 97, 121
Erbschaftsbesitzer ... 91
Erbschaftsverwaltungsschulden ... 97
Erbvertrag ... 53
Ergänzende Auslegung ... 79
Erläuternde Auslegung ... 78, 79, 82
Errichtungszusammenhang ... 63

Geliebtentestament ... 31
Gemeinschaftliches Testament ... 63
Gesamtschuldner ... 97
Geschäftsführungsbefugnis ... 95
Gradsystem ... 9
Gradualsystem ... 9
Großer Pflichtteil ... 116
Grundsatz der Höchstpersönlichkeit ... 26

Hypothetischer Erblasserwille ... 84, 86

Identitätsfunktion ... 37, 42
Innenverhältnis ... 96

Kleiner Pflichtteil ... 13, 116, 117
Kommorientenvermutung ... 2

Linienprinzip ... 4

Nachlasserbenschulden ... 97
Negativtestament ... 47
Notarielles Testament ... 33

Parentelsystem ... 2
Pauschaler Zugewinnausgleich ... 11

Schenkung auf den Todesfall ... 125
Stammprinzip ... 2

Teilnichtigkeit ... 36
Testamentsanfechtung ... 86
Testierfreiheit ... 24
Testierwille ... 23

Valutaverhältnis ... 127
Vermächtnis ... 37
Vertretung ... 95

Wahltheorie ... 118
Wechselbezügliche Verfügungen ... 65
Widerruf eines Testaments ... 45
Widerrufstestament ... 52
Wiederverheiratungsklausel ... 74

Skripten, RÜ, Kursunterlagen
und noch mehr ab jetzt in der
Scan me
eBib
AS
Laden im
App Store
JETZT BEI
Google Play